94狂 素人房地產快樂賺錢術

U0093904

94狂 素人房地產快樂賺錢術

94狂－

絕對遠勝過專家！

不說我們是專家，但我們團隊合作的實力

素人房地產
快樂賺錢術

廖柏全、陳達為、李瑞欣、方耀慶、張典宏、陳冠佑 ◎ 著

序

實力的傳承，想學！就教你到會

方耀慶／總教練引言

　　繼《房地產快樂賺錢術》、《法拍屋快樂賺錢術》之後，這是"快樂賺錢"系列的第三本著作了，不過這本書的主角作者不是我，而是我的「傳人們」！我很榮幸可以帶領他們，因為才不過多久的時間，他們便能夠獨立成熟在這裡展現成果和實力，傳承所學的房地產專業能力現在並不遜於我，他們的速成發展確實值得用這本書來告訴大家，其實只要有心努力付出與學習，簡單相信，你也一樣可以！

　　帶領團隊，指導學員，我自信有很多大家可以學習的東西，也自信可以把每一個人教到會，而對於付出比一般

人更多的區長，我更不會虧待，特別是有些無法用金錢衡量的東西，更具珍貴價值的資源整合應用，包括團隊練兵、實戰統馭的修煉，只有他們親身歷練才能體認其中所學和進展。

就像在帶領各區團隊的活動一樣，討論團隊一起出版這本書的同時，各個區長（也就是這本書的共同作者）都付出比別人更多的精神和時間，費心於內容構思與撰稿，當中的過程和苦心是一般學員看不到的。在共同研議本書內容的時候，大家曾經想過，有必要將團隊組織實際運作的資訊和寶貴的經驗智慧都寫出來？這些都是他們費時、費力甚至花錢辛苦學習體驗而來的成果智慧，如果詳細都把內容細節全寫出來，競爭者學走仿效不就會搶走我們的一些商機？如果讀者一看就懂了，不就不需要我們了？

而我認為，優勢是模仿不來的，實力也是偷不走的。我們分享自己的故事經驗和團隊所做的內容，傳授的是實

用的知識，如果沒有和我們一起參與實做，光是懂得道理，仍然是做不來的，因為這是「房地產」。房地產這一門科目，你若沒有真正做過，你就是不會！

我們不怕別人學！就像最珍貴無形的團隊資源，團隊能夠做的事情就是要有一群人能團結一起去做，如果沒有眾人交集、沒有眾人關係，一個人光只是「知道」是無法「做到」的，因為一個人終究並不是團隊！

這本書，由各區的區長，同時也是團隊組織分工各領域專長的課程導師，將他們專精所學的「組織發展」、「教育訓練」、「實戰操作」、「行銷管理」、「工程實作」的智慧完整呈現給大家，內容絕不藏私，一定讓你看了感覺「真的有料」，如果要靠自己摸索房地產，不如就由我們來教你、帶領你，只要你想學，跟著我們，我們一定把你教到會！

出版這本著作的同時，也要感謝「智庫雲端」范世華

社長的指導參與，憑藉著范社長本身也是房市專家、作家，且為最多房市名人著作出版的幕後發行人，有了范社長參與規劃這本書的編輯研討與交流，儼然就是我們的團隊顧問，他以客觀專業的角度，為我們團隊建構區與區之間的專業分工與互動文流更好的機制，並且齊勉好的房地產團隊，就應該為房市扭轉新氣象，摒除投機不當歪風，同樣的，我們都是共同肩負著房地產教育和知識傳播的使命，在帶領著大家學習和實做的過程之中，我們唯有為每一個人盡心，才能得到你們的信賴。

方耀慶

序

素人可以狂，你也可以

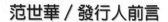

范世華／發行人前言

　　一般人想學房地產，學校正課真的沒有教，所以大部分的人學習房地產的知識來源，往往都是從房仲、代銷人員那裡得來的，因此得到的都是「銷售的語言」、是「差價的思維」，於是多多少少會造成對於房地產投資觀念產生一些負面的扭曲。但是如果你沒有把房地產這門科目認真搞懂，隨著聽聞似是而非地忽略了它，你可能失去的會更多！

　　許多人都會簡單把投資和投機混為一談，我本身看過房地產形形色色的投資客以及大大小小的房地產投資模式，其中當然有堂堂正正守法繳稅的投資客，也有「合法」

的財團企業在市場上大剌剌地搞投機，就是因為「不合法的投資」或「合法的投機」政府大人都沒在管，因此不論好與壞、對與錯，社會大眾常常就以一刀區隔斷定，只要是搞房地產投資的，全都是「黑」的，抹黑弄臭一個產業很容易，但要重新漂白卻很難。

投資房地產的道德和觀感，好壞很難界定，特別是這本書的作者，他們帶領團隊、組織成員一同合作學習並投資房地產，無形背負社會輿論眼光的壓力是相當大的，可是從他們每個人的故事裡頭，我們卻可以看到，其實他們也和大多數的你、我一樣，並沒有顯赫的家世背景，想要憑自己原本的專長所學糊口都不容易，都是後來接觸了房地產而有轉機，更可貴的是，當他們真的藉由房地產改變了自己的生命之後，並不就此獨享而已，他們還願意將自己所學、所得，再傳授給其他更多的人，讓其他人也能藉由同樣的經驗與方法改變他們的現況和命運，這種「無私」的精神是非常難得的。

　　書中對於房地產知識以及投資技巧上的分享實在，我個人因在房產領域的涉略聽聞不少，一看便知內容的確有料，但是更令我尤其感到特別的，反倒是他們每一位作者的人生轉折與故事，儘管我比他們年長許多，可就是因為他們年輕，原來也都默默無聞，卻能夠成就今日，在他們的身上其實具備了許多我還要跟他們學習的地方，所謂「教學相長」，求學不分貴賤、也不分年齡，在某些方面，他們也能做為我的導師。

　　閱讀這本書，也令我深深感覺到一件重要的事情，那就是現代社會大眾真的非常需要多看看這些素人們是如何打拼成功的，以往心靈勵志總是叫我們要跟偉大的名人看齊，但是那些偉人、強人距離我們這些凡人實在太過遙遠，而現實大多數的人都是沒有資源、沒有能力的普通平凡人，且現在的時局和機會也不同於以往，這個世代的人，當要向同一個世代的人學習。

　　我深知，未來想要在房地產這條路上「築夢踏實」，

能夠帶領你們前行的，不會是我，而是他們這幾位真正走
在路上的團隊導師，以及你未來的夥伴！

范世華

content 目錄

序

第一篇　組織發展－廖柏全

第四篇 行銷管理－李瑞欣

第五篇 裝修實作－陳達為

第六篇 總結－方耀慶

第一篇
組織發展

台北分區　導師—廖柏全

廖柏全

充滿著與生俱來的美藝天分，因為景觀學習領域接觸到
宏觀的視野，體悟出人脈與合作經營更關鍵的影響力，
如今則是在組織發展與商業結盟上展露長才，成為帶領
團隊的重要導師。

組織不是一個人，組織發展也不是在講個人的理想願景，它是一個有時間、有故事的一個「過程」，當你看到別人的成功、成就已經存在，但你看到了源頭嗎？成功、成就原來的最初是什麼？

1-1

井底之外的視野

每當我回台中太平家裡時都會經過一江橋，我總會刻意停下來去好好欣賞一旁的堤岸景觀與彩繪，因為曾經在這河堤上的第一幅彩繪就是國中時候的「我」所畫的，雖然現在的彩繪塗鴉已經另外塗成其他新妝新圖樣，但我仍然能夠清楚地想見到當時的畫面。

講我以前的故事，現在認識我的人應該很難想像從前的廖柏全和現在的我，是怎麼可能會連結在一起的？因為從小包覆著我生活的全部可說都是「美術」，學生時代以藝術萌芽的種子為什麼現在是以房地產和行銷管理的姿態綻放花朵？

　　我在仍然懵懵無知的幼年時候，家裡就曾遭逢法拍的命運，但這是到我年齡稍大懂事之後才知自己的家境情況，也才明白自己為什麼在學齡前都是在雲林由爺爺奶奶所帶大的。回到台中開始就學，除了畫畫之外，其他學科完全不行，成績差到連老師和校長都得一起登門家訪關切的程度，因此「吊車尾」真的可說是從小一路伴我到大的求學生涯命運，由於家境不允許我選擇私校就讀，就連高中聯招都還是靠「921 受災」的加分才剛好擠進國立的清水高中就讀。

　　從太平到清水，高中每天我得騎一個半小時的腳踏車上學，每天必須早上 5 點半起床，晚上因為升學晚自習，往往回到家都 10 點半了，我曾經跟爸媽要求希望能夠住校，但是因為父母擔心會受環境影響變壞而不肯，一直到有一次我晚自習騎腳踏車回家的途中騎到睡著差點發生意外，因此父母才同意讓我離家外宿，當時和我一樣外宿的同學，大家其實也都非常單純，加上清水沒有網咖，也

是純樸之地，能做的休閒活動也很單純，我的課餘就只有畫畫和打桌球而已，原本父母擔心自己變壞真的是多慮了！

真正讓我在生命中有重大轉折的第一個階段，是在我大學重考的期間。高中畢業那一年，推甄報考勤益科技大學第一屆景觀系，但是因為自己單純不曉得要帶術科的作品參加面試，兩手空空又因為學科成績不好而落榜。沒考上就近的學校，當時父母要我乾脆繼承家業做齒模，可是我對這行真的一點興趣也沒有，毅然要求再重考，進了重考班，另一方面也為了加強術科，在台中一中附近的一家畫室學畫，在那裡我碰到了影響我人生的重要貴人：郭老師。

在我生命中有兩個貴人，一個是我重考期間「佳藝畫室」的郭老師，另外一位貴人是我國中的美術老師邱老師，在國中時候，邱老師提攜了我在美術上的長才，國中時候在一江橋那裡的堤岸彩繪就是邱老師讓我去畫的，後

來附近有一所幼稚園看我畫得很好也請我幫他們幼稚園做彩繪和佈置,除此之外,邱老師還幫我爭取到為一家社區圖書館做空間彩繪,從一樓到三樓之間的樓梯間和長廊整個做彩繪,從那開始之後也奠基我在美術術科表現上的優勢。

重考面試,因為我在高中就曾參加全國美展獲得國畫組的佳作,加上這次帶齊個人的作品集,基本上就已經是直接保送錄取了,所以在確定已經考上大學後的這段期間,邱老師鼓勵我參加各種美術競賽,這一年我在苗栗的國際「假面藝術節」也獲選佳作獎,還沒正式進大學,可說就已風光一時了。(後續在大學期間,郭老師還邀我到他另開的兒童繪畫班打工當助教,擔任一陣子孩子們的「飯糰老師」。)

因為老早就已確定錄取勤益科技大學景觀系,入學前,二舅特別帶我去大陸增廣視野,安排我到「中國美術學院」跟周剛與吳一波老師學畫,當我一下杭州機場,我

被杭州的都市景觀所震懾，眼前現代化的景像一點都不像我原本想像中的大陸，初次對中國大陸的印象就讓我有所震撼，而震撼我的另一件事，是某天早上在街上看到來了一部怪手，傍晚回程時這一整條街的樓房就已經全部拆成廢墟，真正親眼看到他們的工程效率，更感到震驚！

在那兒，啟蒙了我對於商業概念的一些想法，我在吳一波老師的補習班畫室，老師逢人就跟別人介紹我是台灣來的，就這一層特殊的關係，我成了畫室招生的「活招牌」，彷彿因為台灣人的身份，我在杭州當地人之間比較有那麼一絲「與眾不同」的優越性，可以有「被利用的價值」存在。

期間又有一個禮拜的時間到上海，在那兒又看到更先進的景象，更啟發了我未來必須放眼於國際的更大視野！

井底之外的視野

1-2

人脈

　　現在大家「講人脈、重關係」，好像一定都會著眼於商業之間的利益，可是「人脈」和「關係」這個字眼，在我學生時代，有誰會去想？可是我冥冥之中卻得到這層關係的不少眷顧。現在回想自己是無心插柳，但是如果年輕人和我一樣現在才發現人脈與關係的好處，您還是得多用點心來去做「經營」。

　　人脈的經營，現在知道並不遲，反而因為現在的時空，社會環境和團體組織的多元，加上通訊軟體的進步，人脈的經營現在有更好的條件可以透過科技工具來幫忙建構與維繫，所以就像大家對於房地產的投資有共同的理念，就有合作的團隊，不僅可以合資、還可以共學，現在

人脈

這樣成熟現成的「人脈圈」，只要有心參與就能獲得既有的基礎，在以往社會環境中哪裡找？現在年青人有很好的機會和環境可以立刻養成人脈，並且從中實質獲益，可真的是福氣！

我第一次感受到人脈給予我的最大福氣，是我當兵入伍和退伍的時機，都正好與我學業和出國行程計劃接軌，讓我省下珍貴的時間，對於大多數的男生來說，很多人在畢業「等兵單」以及退伍後求職，都會有很長一段時間是沒辦法真正做正事的，這段人生空轉期最多只能打打工，時間也就浪費掉了，而我大學畢業雖然順利考上研究所，但是我跟學姐打聽未來出路，得知就連台大研究所畢業的她，薪資待遇都不如想像中好，自己如果繼續深造，倒不如先把服兵役的這道關卡度過，選擇出國會更好，於是我研究所入學第一天報到就是去辦理休學申請。

我知道國中時曾經幫他們彩繪幼稚園的那位園長與兵役課熟識，透過了這層潛在的人脈關係，我順利辦理提

前入伍。除了入伍沒浪費時間，我在服役期間也藉由休假期間報考北京大學建築與景觀研究所順利錄取，於是退伍的第一件事又是回到研究所，但這次不是復學而是直接辦退，承辦的系主任非常氣我當初報到即申請休學入伍，學校為我保留缺額，如今又不讀，等於是平白占了其他考生一個機會，這算我人生中的一件迭事，但是立即能夠順利去北京，推及再與國際接觸的視野突破，小小的人脈所牽動的一切，真的難以想像。

而人脈不僅只是人與人相識的連結關係而已，大學的期間實務上的設計作品與競賽很多，也有不少的代表作，我曾幫太平當地的蜂蜜產業做文創包裝設計而獲獎，大三時又有機會和大陸進行交流，作品在天津的交流競賽之中獲得首獎。還到台北的景觀公司參與板橋親水綠化景觀的競圖，這些作品和經歷所成就了之後我的很多機會，其實也是一種人脈的累積形式。

我人脈關係的建構，是由我美術學習發展的過程，以

人脈

及長期以在就學期間的許許多多活動和競賽參與所累積
換來的！每個人的成長際遇都會不同，也許你可能沒有我
的人脈際遇，但會有你的，如果現今再能透過會員團隊的
交流，那麼人脈關係能夠成就出怎麼樣的宏大事業？更將
無法想像！

1-3

知識無國界，不可自我侷限

　　生命之中會讓人立定志向做些什麼或改變些什麼，背後一定會有特別的故事或關鍵刺激，因此帶來後續的選擇與作為而成就今日的樣貌。

　　而影響我關鍵轉變的背後，是段刻骨銘心的異國之戀！但如果真把我的所有情愛發展轉折一一細訴，這本書恐怕就變成文藝小說了，因此這部分就留待未來有機會，大家有可能聽我課程或是說明會時再來分享，但是總歸說來，就是異國、異地之間的融合，我們之間得要面對經濟水平的現實落差，兩個分別來自台灣和香港的男女，在對於彼此都是暫待的第三地(北京)譜出戀曲，一旦抉擇共同

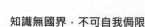

定居的問題時，無論回到台灣或香港彼此的原生環境，都
會有很大的適應差距。

　　簡言來說，回到台灣就業職場後，現實的待遇就像當
初我的學姐拼到台大研究所畢業，就業起薪也是 30 幾 k
一般，異地所得條件真的落差太大了，真要一個已走過
26 個國家，回鄉就有港幣 6 萬月薪待遇的高材生，放棄
前程屈就台灣的條件真的很難，更何況人家父母親怎可能
接受？

　　現實經濟環境的落差突顯了台灣真的很渺小，我們必
須體認經濟實力與競爭條件的大小和政權管領面積的大
小無關，而台灣的職場競爭條件，渺小到連香港都不如，
沒有國際接軌的經濟市場，永遠只能將自己封閉在井底！

　　當我現在經營房地產的投資，也就如同已先具備有這
般的認知，不是只有怎麼做就夠了，一間學生套房的收租
市場和整棟購物商場可以兼抽營業額和包底租金的穩賺

規模，有著極大的資金操作經營以及許多法律、商業模式、招商管理……等等相對更深更廣的知識和訊息必須涉略與學習的。必須不斷成長讓自己能夠勝任的能力是「不只是這樣」而已，而是「可以做更多」，當有機會碰到時，就可以當即把握住，不會再是眼睜睜看著機會流逝消失而懊悔！

北大的研究所學程帶給我的影響，不單是異國之戀啟發我對於國際觀的看法，在那兒全英語的授課環境，每一個學生都是強者，因為所有同學都是來自於全中國各省各地的精英，甚至還有來自日本、南韓的學生，每個人的眼光都不僅限於中國而已，因此我幾年前在杭州那種「台灣人的優越感」，在北京是一點兒也感受不到，在這兒大家不會分你是打哪兒來的，就連國界分野的觀念也很淡薄，所以並沒有想像嚴重的兩岸敏感問題存在，因為在語文上的溝通：「Where are you from?」重點是那個「from」字，你從「哪裡」來的？誰管你是台灣來的或香港來的，反正

都是來讀書的！

　　當時北京「奧運」剛結束，我在景觀規劃研究所其中有一個學程，就是成立一個工作坊的實作，規劃「奧林匹克公園」，整個空間規模之大真的難以想像，工作坊中有來自美國、法國、意大利……等各個國家的學生共同交流，有人以社會學的角度來規劃生活圈、有人以人文的角度去規劃環境……各種不同的思考模式和細部的設計，真的讓我見識到各種不同文化背景所薰陶出來的思想和行動結果，也會有無限多樣的可能。

　　所以一個團隊組織真的也必須要包容各種不同的想法，要能接納愈多的成員，也才能成就出愈多元與多樣的發展可能。

1-4

組織的領導與管理

　　組織的經營關鍵有兩個面向，一個是「領導」，另外一個是「管理」。

　　就「領導」的部分，身為一個區長，我理解自己對於資訊和視野學習是不能夠中斷的，因為過去曾經接觸過許多的直銷商業團體，對於各種傳直銷的經營模式，我一個一個的去了解，其實發覺它們共同的管理制度，並沒有多麼複雜難懂，組織管理的能力，除了取法自己的直銷經歷之外，另外還是要不斷的去學習。因為國中時就曾經帶領同學一起共同完成許多塗鴨和美術作品，透過後來的許多學習過程，讓我可以從以往最基礎的領導經驗之中找到領

導的關鍵體悟，了解領導必須先為團隊「確立目標」開始
做起，從小地方開始累積成功經驗，再從過程中發覺自己
不足的地方，並且快速地調整修正自己。

　　而在「管理」的部分，關鍵在於組織的內容，我們的
內容如何的具體化，並不是要靠綿密的制度，要能夠長久
生存的制度也就是一層一層的帶領，我讓下面的人知道會
有不斷的發展可能，所以我們的形態其實很簡單，也就是
直接由導師帶領我們團隊的區長；再由區長來帶領下面的
小組長；小組長再帶領下面的成員；某部分的成員可能再
帶一些所謂的幼幼班……區長最多管理 6 位幹部，由選才
開始，確定之後，我再傳授我所有的能力，把他們全部通
通教會。

　　幫助伙伴實現夢想也能夠讓自己夢想成真，這就是在
教育以及問題發展的關係上，做一種層級之間的聯繫，其
實並沒有真的這麼困難，只要把聯繫的關係跟成員與成員
之間的這一個環節做好就可以，很多人誤以為組織好像要

有很多綿密的規範或規則等等的訂定，才可能執行得起來，但是只要成員與成員之間有共同的目標，那麼我們只要關心成員之間有什麼樣的問題或困難？這些問題有沒有達到解決？或者得到滿足？

關鍵就是在連結組織的共同信念跟目標，如果大家想的不一樣，那麼制定再多的規範可能也沒有用，真正能夠成就目標的團隊，只要有一個團結的心能結合在一起，這樣就夠了！

我從一個原先可能就以景觀設計為終身職志，完全與領導和組織條件無關，到現在能夠組織領導一個大團隊，回顧最初能夠把自己培養出這樣子的能力，並不是無中生有的，在我進入社會學習的這一段故事歷程中，我非常感謝我的阿姨（Mickey 阿姨），我從北京研究所畢業回到台灣，工作的薪資待遇並不如想像，一心想說能夠再跨足大陸或者是國際之間，能與我當時的女友在現實經濟的收入匹配相當，我意識到這個理想必須自己創業才有可能達

到，所以一心一意的想要打拼讓自己成長。Mickey 阿姨跟我說：「你的財商觀念太弱了。」她因自己有開公司做生意，一眼就看穿我的不足，建議我要去學習，第一次去參加財商課程，講到房地產的融資操作，我連什麼是「額度」都完全聽不懂，這也讓我能夠理解現在許多新學員的知識程度，真的如果像我一樣以前並非商管科系的，跨一個領域、跨一個知識，資訊的落差是會存在的！

當時我不斷的學習，參加許多的課程與活動，想要利用學習與人脈的方式開拓我的事業可能性，做為我開創事業的基礎，在一次參加一個學習活動之後，我才發現這是一個直銷團體，當時我是非常排斥直銷這個觀念的，因為以往就常聽到別人講很多直銷的負面評價，不知怎麼心裡就非常排拒。事隔一陣子之後，我去詢問 Mickey 阿姨，阿姨說：「你不是想要開公司嗎？如果你要想開公司的話，你應該可以從直銷這個組織團隊去了解人跟人之間的關聯，尤其是業務和組織能力，擁有業務能力你才有行銷

的本事，才能夠開公司，才有辦法將業務招攬進來。」於是我才開始認真地做直銷的工作，從一開始完完全全不懂的情況下我犯了所有直銷的禁忌，我以為只要我積極去拼命努力就會有成果，我找了我所有的朋友講商品，講了50個朋友，50個全部沒有成，後來我反省自己，並請教我的阿姨，她仍然鼓勵我不要放棄，還告訴我要再去學習行銷的課程，學習找到對的途徑並用對的方法去做事。

「投資自己」是阿姨給我的一個最大啟發，因為沒有接觸過的事物有很多是自己沒有能力的，不同的領域有不同的課程學習，參與學習就是了解不同專業領域，讓自己接觸更多實務的捷徑。

組織的領導與管理

1-5

信任團隊、依靠團隊，可以成功

　　所謂「三人成組」，組織就是能夠結合不同人的能力來輕鬆成就一件事，也就是一種人脈關係互助的結構，三個臭皮匠勝過一個諸葛亮，就是這個道理，因此要結合人脈資源最快、最有效率的方法，就是組織團隊，特別是房地產這塊市場觸及的領域非常的廣，所以拓展集合眾多人脈，共同經營房地產的這個市場，它的發展性是很驚人的，人脈組織起來力量很大，而要拓展匯聚人脈，直接行動－就「招募」吧！

　　房地產投資學程的學員招募，它的行銷策略就像一個「魚池理論」，一開始就要聚集大多數想買房子的族群，從對於房地產有興趣的這一群人當中去吸引到能夠接受

共同分享以及集資的同好，縱然只是小資族，但能夠透過
共同合作的方式，用集資的模式共同跨越購屋的門檻，就
是人脈的結合，就是團隊的目標。

但是要怎麼樣能夠吸引到這些魚群之中的魚有想參
與的意願，最主要的一個誘因是「我們的團隊能夠給些什
麼？」

對於房地產投資有興趣的消費者其實已是這個魚池
裡的魚，但怎麼讓這一群魚知道可以透過團隊做得更好？
所以除了專業的部分，還要有過去的成功經驗讓大家看
到，特別是我們可以真正從實際的案例讓消費者真的看
到、知道的，更讓這些魚群之中的房地產初學者認識我
們，也了解「我們（這個）團隊」確實能夠幫助大家做得
到。

除了「能夠給！」讓團隊的成員有東西可以得到、可
以學到之外，更重要的還要有「信任」，否則當時局產生

變化，面臨過渡時期學員得不到東西，很可能就留不住了！

這要更進一步來說明，因為我說的「信任」不光只是能夠做到而已，而是加入了團隊之後彼此之間可否有凝聚、共識，畢竟買賣房子，大家出資達到一個購屋的門檻，集合起來可說是個大錢，我們說集資而成的大錢是可以做出相當經濟規模的投資效益，所以看來好像這些大錢用來投資物件進行收益好像就變得很理所當然不怎麼樣了，但如果就每一個投資者而言，這些能夠匯集成為大錢的每一筆小資金，可能都是每一個成員他們省吃儉用長久下來的儲蓄，就每個個人來說可都算一筆大錢，要讓成員們願意付出，這一些投資合作關係之中你必須要有一個緊密的信任結構，這就是團隊應該要做的事情。

許多新成員看到我們以往大家互動的過程以及學習的過程，最後能夠相信，相信與信任，確實是一個成功團隊必須要有的基本元素。我們不會認為小錢就無所謂，也

不會想說是大錢就可以隨便做，對於任何一分錢，用的時機和效益對或不對，我們都要用心斟酌，在市況不佳時更不能為了投資而投資！

團隊成員人數的成長，速度快慢也會有不同可能的面對情況，發展慢的話，可能合作和學習的效率不快，因為課程的安排不會天天有，相關進度拉長時間，讓共同目標達成的時間拉長，這考驗了學員之間的耐性，時間久了就會有些人開始懷疑是不是可以真正賺到錢？

但是如果組織成員發展的太快，因為人數太多，每個人又會有每個人的期望，累積起來可以投資的物件是不是足夠分配？如果大家等不到適當的物件，急亂投資可能會造成風險提高，這是我們不願看到的。另一方面，如果因為成員人數太多，等不到真正適當的標的讓大家一同投資，那麼同樣也會考驗學員等待的耐心，如果等不到、賺不到，時間久了，信心鬆散最後仍有可能會離開。

　　目前台北區的團隊正面臨發展快速的考驗，所以因應這個挑戰我挑選了幾位成員擔任組長，將成員們分成一組一組的方式來帶，不僅僅是帶領學習的活動而已，其他還要負責聯誼的互動，以及彙整共學的資訊，小組長們之間必須要提供給學員彼此有信賴感的環境，成員才不容易離開。

　　最重要的關鍵因素，還有自始至終團隊以及學習的過程能夠給學員有些什麼樣子的成長與收穫？倘若真正沒有投資的機會，或者成員之間互相找不到共同合資的夥伴，有沒有真正進行投資？到最後因為時間的關係而離開了這一個團隊，那麼也不會回頭來對於組織有所批評，或者是失望性的負評，這是最重要的，因為一旦有負評價在外流竄，可能對於團隊的產生不良的社會印象觀感，或者造成其他消費者對我們的誤解，這是我們不願意見到的，所以團隊必須要給什麼？如果他們得不到，但是至少能學到；或許賺不到，但卻能在知識上得到其他滿滿的收穫，

可能更加值得。未來在他們更長期之後，有了自己的其他機會，他們能夠在其他的領域方面成功，是由加入我們團隊的這段期間所學習累積的，能夠帶給他們其他的成功，這也是值得的，如果可以做到這樣子，我想成員們不管在這裡共同相多久？離不離開？都是他最大的一個學習，都是一般學校裡頭所沒有辦法得到的收穫。

「學習、獲得、付出！」將學到的傳授給下一位，在獲得知識的同時，再次的付出，不僅可以再次獲得自身能力的加強與提升，還可以獲得與團隊間的信任，這是一個善的循環，同時透過信任、愛、感恩以外，不斷讓利、找人才、培養人才、給人才舞台！讓組長體驗到，有願景使命、有東西可學、有額外收入，這更是我經常所提到的「留人」、「育人」之重點。

1-6
做大的能力！把50萬生意談到200萬

　　市場上太多「品牌」或是「標籤化」的東西，把商品的價格塑造成「尊貴」的樣貌，也讓多數的人認為貴的商品一定要有名、好的服務一定有價值，所以專家一定有價碼、專業一定有價值！但是在我這一段要跟大家說的是，如果專業或是專家沒有透過組織去好好經營，他能創造的價值是有限的，相對的，如果一個組織經營發展的好，它的團隊效益的發揮也會有無限的可能。

　　就像是書封上的重點，我們不說自己是專家，我們都算是素人，但是素人團結合作起來，我們的專業絕對不輸專家！

我回台灣後，個人覺得最特別、最值得一提的團隊合作經驗，就是我和另外兩個學長，三個人共同組成的合作案，一個學長負責規劃設計，一個學長是工程的強項，而我是負責企劃和對外溝通。在我離開之前任職的景觀公司不久，有一次因為上課的關係，透過其中一位同學的介紹，我接觸到一個住宅設計裝潢的案子，業主是國內的一位知名導演。當時我就在想這個案子的合約該怎麼擬？接一個知名導演的 case，總不能全憑口頭說明就罷！於是我就找我一位學長合作，學長負責過建商住宅的設計大案，有他的幫忙不單合約提案可以比較像樣，藉他設計過的作品知名度，對於我們的提案必定也能加分不少。

　　於是我又再找另一位具有工程背景實務專長的學長，一起研議這個案件，當時我向介紹這個案子的同學探詢導演的可能預算如何？他說大約 50 萬，我們想，一個知名導演，且一棟百坪空間的房子，怎麼可能只用 50 萬做得好？於是，我們不管，就依照該有的品質規格來設

計，我先調查熟悉導演近期的作品以及他喜歡取景的地點和當地的風情，裝潢的構思就朝這種風格去設計，並且由我來擬約親自去談，當然，依照學長設計的作品，拿得出過去的成績，加上他所規劃的風格正是導演所想要的，而我們也保證會全程負責，工程和監工絕不假手於人，最後真的得到應許，原本業主只打算用 50 萬預算做的案子，我們把它做到 200 萬！

其實這就是組織團隊的重要性，同樣的，在我們現有的團隊裡面，雖然大多是素人，但是其中不乏也有律師、會計師、代書、公務員……甚至國稅局的稅務專員，這些在他們的個別領域之中，可說都是專家了，但是如果沒有透過一個團隊的組成，將各門專業結合起來，個人專業能夠發揮出的效用其實也是有限的，就如以前和我兩位學長的合作，一個是知名設計師，一位也是做過大工程的，如果不是透過組織的結合，他們豐富的經驗和響亮的名號，仍無法創造出更大的價值。而我們目前的團隊，是可以藉

由其中的專家，共同把價值做大，也因為如此，他們也更樂於把他們的專業分享給團隊之中的其他成員，而成員因此更可以藉力使力，透過集合的專業和分工，創造出原本自己做不到，甚至原本想像不到的價值出來。

　　藉由 "LINE 群組" 的行動通訊社群工具交流，團隊成員可以彼此在內部討論並分享各別分工的心得與意見，從中獲得成員之間經驗的交流互動學習，除了內部成員共享的園地之外，像是公開的課程、活動及相關免費資訊等，則提供 "LINE@生活圈" 讓一般大眾都可以獲得我們更詳細的內容資訊及活動訊息。

LINE@生活圈

1-7
不要為「自己一個人」劃限

　　現實環境競爭考驗每個人的能力，警惕我們要多學習，我們傳統的教育觀念，也就是讓一般平凡百姓透過科舉考試的競爭，來翻轉自己的地位與財富，但是這一條路畢竟是一道窄門，大多數人還是走不通的，而少部份如願以償的，進入窄門成為學術領域裡頭的老師，自然又會以個人的成功勵志經驗，再教下一代人說：「讀書可以給你希望！」

　　於是彷彿只要學愈多、懂愈多，就會愈有能力。可是當自己唸到北京大學研究所畢了業，我才體悟一個人的能力有限，縱使擁有豐富的學識、經驗和能力，還是只能做

「一個人的事」。

　　一個人做事，可能連 50 萬的案子未必能接，而將生意擴大到 200 萬，是透過學長學弟關係共同成就出來的，這讓我體會到團隊合作的價值比一個人的能力重要多了，就像是我現在所帶的房地產投資學習團隊，從加入慶仔老師教授我房地產投資的經驗以及組織團隊的時間，其實不到短短的兩年，但是現在的規模和成長速度，若你沒有親眼看見你是很難想像的。比起我在兩年之前，不知投入多少精力在其他工作、花費多久時間在其他領域，那些以往所耗費的力氣真的都用錯方向了，當現在懂得結合團隊力量去組織經營一個事業和目標，花費的心力更少、時間更快，而成果卻更加豐碩。

　　回想我在大學時曾經實習過的一家景觀設計公司，我在北大唸完研究所回國後，也一度回到這家公司工作，老闆稱得上是國內首屈一指的先進，在他之下不知己帶出了多少國際級的設計師，照講在他底下學成出去的子弟兵

們，有許多都已得到國際上的競圖接案，在國際上占有一定地位了，其實他也可以藉由學生們的資源，共同合作，把生意做得更大，可是他卻沒有，主要原因有兩個：一是「曾經失敗的經驗」，他曾與人合作過大陸、越南的案子，因為受騙受過傷，自此他便對人失去信心，很難再與他人建立合作關係，（從這一點我們也可以借鏡提醒自己，尋找團隊合作的「對象」是非常重要的！）；另一個原因，是他缺少了組織管理上的利潤分配觀念，因為獨資做久了，習慣了既有的生意模式，長久下來只待在自己的「舒適圈」裡賺自己的，因為現狀滿足就夠了，於是相對就比較不明白所謂「讓利」或「分潤」能夠擴大市場、拓展商機。

所以若是沒有組織發展的企圖心，或是不懂得團隊合作的好處，不去融合更多數的人際力量，跳脫不了個人的框架，那麼自己就只能做自己一個人的事，只能「以一己之力，成就一己之事」罷了！

現在回想，依我老闆的能力，能夠帶出這麼多優秀的
人才，如果當初他把這些人都留在底下，絕對能夠發展成
為更具規模的企業，並且賺得更多，所以更重要的不僅僅
是團隊合作而已，能夠「育人」，還要能夠「留人」。雖然
現在我也和其他人一樣離開他的公司，不再為他效力了，
但是我仍然非常謝謝我的老闆，如同成就其他人一樣也成
就了我堅強的羽翼。

成就一番豐功偉業是需要借助許多人的，所以我們每
一個人都要認知，如果我們得到了一些收穫，當今擁有豐
碩的成果，並不是你自己一個人所成就的，我們必須要感
謝許多幫助自己成功的人，如同在我成長的過程之中，一
路上不斷遇到貴人，感謝的人太多，有阿家老師、Judy
老師、Rich 哥、Doris、andy 哥、婉詩、bni，還有陪我成
長的家人們，房地產的組員們等等，因為有人脈的扶持，
讓我知道一個人走的快，一群人可以走的很遠。

一個人的力量雖然有限，如果能夠透過團隊，結合團

隊裡所有成員的智慧能力，可以成就出來的力量是非常大的。經營事業也是如此，房地產的投資也是，所有個別從事房地產投資的人，幾乎只能專做某一種形態，就連範圍也只能選擇大安區、板橋區……等某特定的行政區，甚至只鎖定某一棟社區或路段，這樣再強也只能是個人有限制的滿足而已，談不上組織和規模，而在這兩年期間，我們同一個時間可能就在進行新北市新莊、台北市文山、松山民生社區、台北車站的商辦……等不同案件，並且其中還是一般房仲、法拍點交或不點交、租賃等不同形態投資，如此不僅在經營規模、地區範圍、案件類型都可以沒有界限的觸及，在時間上，再一個兩年，所有團隊成員的實力也能夠學到跟我一樣！這種傳遞分享的獲利和成就，複製效應是非常大的。

團隊，可說就是擁有成功條件的「捷徑」，每個人都想要追求成功，但你一定要理解一件事情，就是成功不一定是憑「能力」得來的，如果擁有一個團隊，一個人即使

沒有什麼過人的本領，也能夠成就事業，畢竟，一個人的
雙眼所能見到的事物範圍有限，但是一百個人的雙眼所見
的視野是更加寬廣的，如果我們結合一千個人的視野……
那麼我們可以成就的也將會是無遠弗界的可能！

第二篇
教育訓練

高雄分區　導師—張典宏

張典宏

現實版的「心靈捕手」，從封閉自卑的世界裡突破自我走出燦爛人生，現在卻是最具陽光魅力的導師，在他充滿熱情、熱力的教育訓練帶領之下，你的收穫將不只有豐盈的知識。

如果學校教的已經足夠了？

又或者是，學校教的一定對嗎？

學習是一件持續性的功課，一生都不能夠停止，社會競

爭與環境一直不斷在變化，教育也必須要「與時俱進」，

如果你仍在學習「不適用」的……

2-1

畢業並非學習的終止，而是開始

　　侯文詠有一部小說《危險心靈》，描述青少年於升學制度下與師長之間的衝突抗爭，故事曾被拍成電視劇。其實這並不單只是小說或戲劇裡故事情節的巧合而已，真正在現實環境當中上演《危險心靈》的主角，就是我。

　　國中我就讀的是高雄升學率最好學校，課業壓力不在話下，但最令我承受不住的，是在國二升國三的那一個暑假，老師強迫全班每個人都要到他在外開立的補習班去補習，沒有例外，我覺得很不合理，於是打電話一狀告到教育部，結果教育部派員來查，不只是我的班導師，就連其他很多班級的老師都出事了。

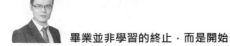

　　國三一開學全校的人都知道了這件事，於是我被霸凌了，一般來說校園霸凌的事件都是學生與學生之間，但是我被校園霸凌的遭遇，加害者卻是全校的老師，不光是我自己的導師會給我「特別待遇」，就連原本對我很好的歷史老師竟也變得冷漠，把我當成空氣，更別說是其他討厭我的老師更是體罰我更兇了，全校其他同學也因為這件事情，沒人敢和我有所接觸。於是國三的這一年，我過得非常寂寞痛苦，因為這個事件也波及到校長的官運前途生涯受挫，在我畢業前的兩個月，我突然被告知可以提前離校不用上課了，直到這時我的爸媽才知道了這個告密事件的始末，於是我的國中生涯就這樣提前兩個月畢業了。

　　領取畢業證書，在這件事情之後讓我感到其實只是一種形式罷了！雖然對於升學制式教育真正應該學些什麼有點產生懷疑，但我仍然很喜歡看書，除了教科書以外的書籍我都愛看，因為深受環境變化快速的影響，很多新的知識並不一定能在學校裡學到，這一點我很早就已體會到

了，人一輩子都是在「過、活」，成長學習是不斷在進行的，學校只不過是我們曾 "待過" 和曾 "經過" 的一個地方。就我而言，不只是國中時所面臨的補教扭曲體制讓我意識到自己究竟該學些什麼？且現實中的瞬息萬變，是連我後來就讀的永達技術學院從成立到廢校，也不過幾年就已不復存在了！所以真正的學習和成就並不在於與學校或是學歷上，而是實質生活的接觸與體會，很多接觸不到的，我就會從書本裡頭去找答案。

一般人對於買房子總是想「等到準備好之後」再說，所謂準備好通常是指存到了錢，但往往是到了「必須要」的時候才突然措手不及，而我是在買房子之前就已經先做功課了，我在買下自己第一間房子以前就已經有看過一、兩百間房子的經驗了。驅使我有這麼積極渴望的動力要買房子，是小時候我沒有過真正屬於自己的一個房間，當我還小的時候我是和兩個姐姐一起共用一間房間，大一點之後我則是跟爺爺奶奶一起睡。雖說透天的房子不算小，但

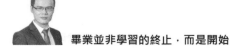

因為伯父生意周轉失靈,賣了他原本住的那棟透天厝,並和父親情商兩家共住,於是伯父一家住在三樓,我們家住在二樓,也因為兩家同住在一個屋簷下的生活隱私和空間長久受限,讓我一直很希望能夠獨立擁有自己的一間房子。

早先我跟房仲到處看房子,有一次讓我印象深刻的是,是在鳳山一間公寓的陽台上,看到對面一整排佔地廣大全新的連棟透天別墅,房仲跟我透露那是屬於縣政府的公宅,其中一間還在不久前賣掉了,實際轉賣的成交售價比我當時現場所看那間屋齡已經 35、6 年的三房舊公寓還要來的便宜。

我就在想為什麼會有這種不公平的社會現象存在?似乎有如國中時的那種不平之鳴又在內心響起,我對類似這種不公平的房產買賣資訊特別敏感,那時的我還聽說楠梓區也有近 200 坪大的「將軍宅」,標售價格不到 200 萬!對於這些特殊案例,我感到很寒心,因為同樣買房子,可

是一般消費者不是沒有資格、就是沒有訊息，即使是有標售資訊，但是公開的管道和資訊的不對稱，最後能有機會享受到福利的，還是那些真正有關係、有管道的人，同樣也是一種房地產的買賣，依據法規制度這種特殊交易雖是合法沒有錯，但與社會公平的觀點角度來看，這已經是一種佔便宜的心態，虧到的是其他一般正常的平凡老百姓。

沒有真正入行，買賣房子就只能夠聽仲介怎麼說？（便怎麼信！）可是房仲最終的工作使命畢竟還是賣房子，即使是認識的好友，為了銷售目的多多少少還是會有一些隱瞞，比方前手投資客或賣方可能會動的小技倆，有一些漏水問題或是裝潢品質差的瑕疵掩飾，如果不靠自己察覺，房仲也未必會主動告知。

正是因為自己看過很多房子，我非常認同學習房地產投資必須要連裝修都能懂得細節並且親身實做了解之後才叫真正專業的理念，我的一個好友跟我介紹慶仔的「房地產快樂賺錢術」的這本書以及這個團隊，我是二話不

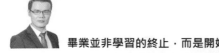

說，連說明會都沒參加就直接匯款繳費加入進來了，才上了一堂課，隔週就有團隊成員提出了 3 個投資標的要找合資夥伴，我也完全認同相信 3 件都參與了投資，就是這麼樣的幸運和巧合，原本上完第一堂課剛好安排出國去日本玩了 7 天，回國當天馬上就有案子邀我參與，許多上了一整個系列課程的會員都說我怎麼這麼幸運，才上一堂課就可以上場和大家一起參了！也就是這麼湊巧，在我入會第一年就參與了這 3 個物件，而 3 個物件都真的讓我賺到了錢，而次年(2016 年 4 月)我真的實現了為自己買了房子，一棟真正屬於自己的家。

2-2
知識建立好觀念，轉念就能轉出好福運

　　因為自己很喜歡看書，坊間有很多相關房地產的書籍，其實都很不錯，當然我也涉略不少其他領域的投資理財書，在我總括了房市、股票、薪水族……所有跟賺錢有關的書籍，不管是投資或是理財，房地產這一門資產觀念的科目真的是一定要學的，因為就財務而言，房地產講的正是「資本領域」的知識，如果每個人都關心自己的財富，那麼連最基本的資產和資本概念都不懂，將來又怎麼可能會有錢呢？

　　可是我觀察一般的年輕人，對於房地產的這件事情總是抱持著逃避的態度，不敢認真去面對，想要投資房產，反而都想去鑽所謂的捷徑，要去冒很大的風險才叫做投

資，許多年輕人將投資理財扭曲成這樣的觀點其實是錯的！

假若針對投資理財都沒有正確的基本觀念，那麼將來面對房地產時，又怎麼能夠客觀看待，不受價格誘惑以及其他影響而做出正確的判斷呢？就連我跟仲介看屋看得非常有經驗的人，也曾經差一點因為錯誤的判斷而買了不對的物件。

有一次房仲向我推薦一棟位於台塑仁武廠附近的透天，那是一個連棟透天的社區，總價只要 400 萬，現場看了真的很心動，於是當場就跟房仲簽了斡旋，一回到家跟父親商議之後卻出了問題，因為這棟透天的位居座落正好是在這個社區當中的無尾巷，就風水的角度而言犯了我父親的大忌，況且門口還不能停車，就算真的買了下來，父親也將堅決不會入住，那麼即便自己喜歡並且付出心意想為家人購置新居，結果家人不能夠接受，終也無濟於事！

　　好在現場沒有真正付給房仲簽訂斡旋的現金，後來及時要求房仲退斡，否則若真買到，「不對的房子，就算買得再便宜也是白破費。」

　　除此之外，這個透天厝的價錢之所以會如此吸引我當場付斡的原因，是它位屬「工業區」。因此，要知道買一間房子不僅僅是價格的問題而已，還有它的實用性、使用分區限制、風水與環境各方面角度，以及家人的喜好等等……買一個房子有許多方面的多元因素必須要綜合考量，並非是如想像之中那麼簡單的事情，年輕人如果不早點去面對學習，往往等到後來真正去買房子的時候，碰到的可能會是一筆龐大損失。現在坊間流傳很多投資理財的觀念導致年輕人急功近利，如果誤解或是忽略了投資理財的真正意義，那麼更容易掉入投機的陷阱，反而因小失大！

　　要提醒年輕人正確面對房地產的觀念，還有一點就是要「打開心胸」，用開放的態度來去接受相關的資訊。很

多人對買房子已有「先入為主」的觀念認為房子都很貴，不是「買不起」，就是現在一定會「買貴」，兩種極端的資訊讓年輕人無所適從，也就讓他們更加消極不敢輕易面對，一種說要等到真的存到足夠的錢再說，要不就是完全擺明靠爸靠媽幫忙來買，等到「時候到了」再說。這些消極的想法其實都是媒體負面訊息傳遞的累積！

其實投資房地產也可以有積極的態度，幾乎大多數的人都認為購屋一定得要先有自備款，一定先要有能力達到某一定的門檻，但有一種新的觀念和開放的想法，就是投資房地產並不一定要等資金一次到位才行，也可以透過小資金與他人合資的方法先累積房地產的購屋經驗以及獲利，等到累積了購屋的經驗以及資金獲利之後，就是真正幫助自己能夠加速買到屬於自己房子的捷徑，我自己的購屋旅程其實也就是這樣。

因為先與他人合資購屋，所以獲得一些不同的經驗，這也是一種學習，加入慶仔的團隊，我第一年就與他人參

與了三個物件的合資，過程當中最值得一提的案例，是我們買了一間「凶宅」，其實它並不是真正的凶宅，而是「聽說的凶宅」。

這是個法拍案件的投資，我們在參與競拍的時候，法拍公告並沒有直接載明該物件屬於凶宅，而且我們在事前洽詢的時候，書記官有稍微提及了疑似凶宅的聽聞，需要我們自行查證，我們合標這個案件的原始目的本就想集資轉售，可以風險分擔，於是仍然決定參與投標，現場開標時我們是唯一的一張標單，理所當然就拍定下來了，點交的時候才發現原來這間房子的現況占有人就是當初放話傳說這一間房子是凶宅的仲介人員。

事後我們才知這一位仲介是想私自占有這間房子，好讓一般人不敢搶拍，另外打算用更低的價格取得，並且從中賺取服務費跟利潤。這個投資案例，因為誤傳為凶宅，而我們在事前也未經真正的查證而參與投標，到最後卻因此而「因禍得福」。

有趣之處也就是在實際參與合作並且大家相互學習的過程，這個經驗說明了投資房地產之中所充滿的變數，真的是「世事難料」，有很多意想不到的狀況隨時都會發生，而透過了團隊的參與，共同之間能夠聽取多方的意見，也就不會陷入「一個人的迷思」而做出錯誤的判斷，或因為必須自己一個人「完全承擔風險」，而猶豫錯失了機會，這就是「團隊合作」與「一個人自己去面對」之間的最大差別了！

2-3
避免犯錯，教育和學習的責任讓自己接近成功

　　買賣房地產，因為涉及商業、法律、市場區域、人性心理……等等多層面的事務，絕大多數的人沒有相關產業的經歷背景，都得從零開始，況且還要論及投資實戰的領域，如果沒有透過學習和訓練，單憑個人喜好、感覺、運氣去投資，風險是很大的。所以當很多人對於投資理財滿懷熱情，一開始就急欲參與房地產的投資，我會跟他們說：「如果沒有經過一番教育訓練和學習的過程，就想要單靠自己一個人的條件去做，恐怕也要先嘗試許多次的失敗、經過很長時間，最後才會有所成的！」否則，教育和學習的意義，又有何用處呢？教育和學習的目的，是要讓人減少錯誤、避免犯錯的，你的一切學習準備的累積，都

必須是要具有一定意義的。

　　就像我自己的學習歷練也是，我從一個完全自閉的自己，到現在可以侃侃而談教育訓練，要怎麼講課，甚至教別人如何站在台上表現，其實也是一個歷程。自己上過很多課，發現台上的講師形形色色，有些人中規中距，有些人天生就是表演家，可是並不是每一個人天生就能夠有本事可以站在台上授課的，一個好的講師是需要經歷一些訓練和演練之後，才會有自然自在的台風表現，這樣台下的學生或學員在接收教學訊息的時候，才好吸收得進去。在這個部分，我和大部分的人一樣，本來都是會害怕的、或可能會犯錯的，學生時期因為個性耿直，與老師和同學之間的衝突，使我產生對人的高度警戒心，同時也就自己把自己封閉了起來，當時與同學、外人幾乎沒有任何交往，我可以一整個寒暑假躲在家裡完全不出門，把所有的金庸和古龍的武俠小說以及亞森羅蘋的推理小說全部看完。

　　我母親因為當時生病尋求宗教的寄託，加入了『創價

學會』，那雖是一個宗教團體，但卻是以「入世」理念，以人為本在推行文化、教育、和平的團體，因此有非常多的活動能夠參與，母親見我一直這樣封閉自己，實在看不下去，希望我能夠跟別人多接觸，於是便帶我加入了創價學會。有一次，學會裡的大學會舉辦一個座談，那次的座談會大學部的幹部有意讓我擔任主持，母親不斷鼓勵我接下這使命，我第一次站在台上面對底下大約二、三十個人，整場的講話我都很緊張，頭一直低低的都不敢抬頭直視大家，事後被檢討這個主持人頭都低低的，不知道在說什麼！讓我心裡更加受挫，回去以後跟母親咆嘯說再也不去參加學會的活動了，我又再次走入那個封閉的自我！

直到我母親過世前前一晚，她把我叫來到她的身邊，她要求我答應她一定要回到「創價學會」參與活動接下使命改變自己！為了不讓母親為我擔憂我便答應了她，隔天醫生對母親發出病危通知，母親送回到家支撐了 12 個小時看著我流下眼淚…彷彿交代我一定要記得她要我答應

她的事…『勇於改變自己』，最後她在我的懷裡與世長辭…她對我的交代竟然是她生前對我說的最後一句遺言…在我傷心欲絕痛不欲生的同時，我也決心徹底的改變自己，不讓已經過世的母親失望…我揹負著母親的承諾回去重新參與學會的任何的活動，在參與活動過程中因為個性上的封閉與能力上的不足，讓我初期比一般人來得辛苦並吃盡苦頭，每當我想放棄時我都會想起母親臨終前對我說的話，讓我產生勇氣繼續走下去！不管什麼活動，不管什麼使命我都勇於接受，這讓我在短短的 1 年內產生了很大的變化！在參與眾多的「創價學會」活動經驗，讓我感受最深也深具意義的活動之一「國高中暑期成長營」那是我們每年針對國高中生安排的一場別具意義的活動，透過活動中帶入教育、文化、和平的理念去潛移默化地教育國家未來的主人翁，創價學會不同於一般宗教單純以一個宗教的教義去宣導，而是用一種活動的體驗讓我們在各自的領域戰勝自己的人生！在每一年的暑期活動之前，我們都必須策劃很久的時間，將近要花兩個月的時間不斷的運營不斷

地彩排還有不斷地開會討論,我在學會已經接近 15 年的
時間了,每年我都會承接各種不同的使命,像是「總務部」
就是負責場地與道具設備,以及活動動線的整體規劃;「熱
力部」要負責帶領同學,培育未來的後繼;「活動部」就
是要規劃整場活動的節目的流程與主持整場活動的氣
氛;「執行長」則是整場活動的大家長,要負責統籌整個
活動的所有事情!參與這些學會的事務,真的讓我「學會」
了很多很多的東西,而學到的這些東西在外面的社會,竟
然都可以運用的到!

所以通常許多人初次接觸到「創價學會」,對這個學
會還不熟悉的時候,我都會這樣了來介紹創價學會:「創
造人生最高價值,學了就會!」因為我在這裡學到很多能
力!

當我們在房地產的投資獲得了一些經驗,也要有系統
的去傳授給其他想要學習的人,我在教授學員時發現了一
件事,新的學員總是會問同樣的問題:「還會教什麼?」、

「還會學什麼？」新學員總是希望可以加快速度學習，認為等到所有課程、所有科目學過了，劍才算是備妥了，上戰場才能贏！其實學習必須要是主動的，而不是在等待學習，房地產的學習雖然是有階段性的需要一步一步來，但其實很多功課同時也必須要「做中學」，在出手之前，就必須邊學邊看，如果在多看多學的過程之中，自己可以看懂一些問題、看出一些東西，那麼具備成熟的條件、贏的機會就大大提升了。我們教育訓練的規劃學程，是培養他們的能力，不是只有理論概念的知識，而是真正擁有實作、實戰的實力。學員們因為相信而願意向我們學習，其實也是一種付出，他們願意花錢、花時間來加入這個團隊，那麼把他們教會就是我們的責任！

2-4

系統化的教育訓練學程

　　加入我們房地產投資和學習團隊的，因為包括了各種年齡層，社會經驗和資歷深淺的差異性都會相當大，有些已經是投資老手了，而有些甚至對於房地產的基本知識一點概念都沒有，所以在教育訓練的規劃上，我們一層一層做好細節分類，有些學員年紀很大，甚至我都已經可以叫阿桑了，電腦方面的知識都完全不會，我也必須帶著一步步教，或是簡化成紙本講義和圖表來說明。不論學員的程度如何，我們就是先系統化把它設計成表格出來，我們就可以用這個表格來去教。

> 我把課程規劃成「法拍屋」跟「中古屋」兩大類：

一、法拍屋分為初階、進階、高階（研討會就是高階的）

初階的部分就是教一些基本的，如何查詢案件、如何搜尋資訊等等，但是必須要通過審核才能夠再上進階，初階的部分我還會錄一段影片讓他們在上課之前就可以對於課程的內容概括教些什麼，先有一些的基本的概念，這樣在實際上課的時候，就能夠比較快進入狀況，也算是一種預習，上課就會比較輕鬆容易上手。

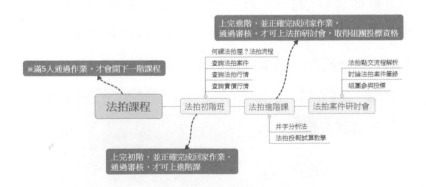

進階的部分，就會有一些投報率的計算、還有稅務方面的知識。

法拍屋投資試算表

投標日期			第一拍	點交	
社區名稱			建物類型	大樓	
地址					
標層/總標層			格局		
完工日期			屋況	糟糕	
主建物		平方公尺	車位類型	有(機械式)	
	0.00	坪	土地持分(分母)		
附屬建物		平方公尺	土地持分(分子)		
	0.00	坪	持有百分比	#DIV/0!	
總建坪	0.00	坪	土地總面積		平方公尺
公設(含車位)		坪	土地持有面積	#DIV/0!	平方公尺
公設(無車位)		坪		#DIV/0!	坪
公設比	#DIV/0!		土地公告地價		元/平方公尺
獨立車位	0	坪	土地公告現值	#DIV/0!	元
增建	0	坪	土地市場行情		元
總底價		萬	土地增值稅	#DIV/0!	元
保證金	0	萬	每坪單價	#DIV/0!	萬/坪
實價行情		萬/坪	法拍行情		萬/坪
估價			其他成本		
買進單價		萬/坪	搬家費+兩年房地稅		萬
買進總價	0.00	萬	買進代書費		萬
裝修單價	2	萬/坪	買進雜支		萬
裝修總價	0.00	萬	賣出仲介費(2%)		萬
賣出單價	0.00	萬/坪	賣出代書費		萬
賣出總價	0.00	萬	賣出雜支		萬
貸款條件:7成 2.5% 本息攤還 20年期計			房地合一稅基		%
			房地合一稅金	0.00	萬
貸款成數	0.70		損益試算		
貸款利率(年)	0.0250		初期投入資金	7.50	萬
貸款利率(月)	0.2083333%		買入成本	7.50	萬
貸款總額	300.00	萬	賣出成本	0.00	萬
月付(本利攤還)	1.5897	萬	總成本	7.50	萬
月付(只還利息)	0.6250	萬	賣出營收	0.00	萬
持有時間	12	月	利潤	7.50	萬
房屋自備款	0.00	萬	年投報率	-100.00%	

二、中古屋也是有分初階、進階、實戰不同階段的方式來上

　　初階就是了解各種價格行情如何查詢與比較；進階要學會產權謄本分析投報計算；實戰班會帶領現場看屋，如何跟房仲互動與議價。

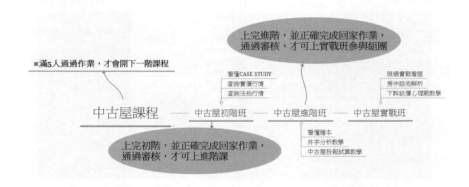

　　現在的教學我們是用系統化的方法在教，就像「投報表」的應用，包含中古屋有分「一般的買賣」、「包租公的套房」都把整個公式套在裡頭，比方說「包租公的套房」

投資，購入一間房子之後，我要隔一套、兩套、三套……
你選 1、2、3 套的時候，它的價值、還有投報率全都已經
連動好會直接告訴你答案；選擇「中古屋買賣」填入現有
「價格」的時候，還有其他的稅務成本也都會跟著跳動。

中古屋投資試算表

物件名稱			物件類型		
地址					
樓層 / 總樓層			格局		
完工日期			屋況	精糕	
主建物		坪	車位類型	有 (機械式)	
陽台		坪	地坪	0.00	坪
露臺		坪	公設(含車位)	0.00	坪
附屬建物		坪	公設(無車位)	0.00	坪
總建坪	0.00	坪	公設比	#DIV/0!	
實價行情		萬/坪	獨立車位	0.00	坪
法拍行情		萬/坪	增建	0.00	坪
銀行估價		萬/坪	其他成本		
估價			兩年房地稅		萬
買進單價		萬/坪	買進仲介費(2%)		萬
買進總價	0	萬	買進代書費		萬
裝修單坪	2	萬/坪	買進雜支		萬
裝修總價	0	萬	賣出仲介費(2%)		萬
賣出單價		萬/坪	賣出代書費		萬
賣出總價	0	萬	賣出雜支		萬
貸款條件8成2% 本息攤還20年期計			房地合一稅基		%
			房地合一稅金	0.00	萬
貸款成數	0.80		損益試算		
貸款利率(年)	0.0200		初期投入資金	0.00	萬
貸款利率(月)	0.16666667%		買入成本	0.00	萬
貸款總額	0.00	萬	賣出成本	0.00	萬
月付(本利攤還)	0.000	萬	總成本	0.00	萬
月付(只還利息)	0.0000	萬	賣出營收	0.00	萬
持有時間	12	月	利潤	0.00	萬
房屋自備款	0.00	萬	年投報率	#DIV/0!	

中古屋改套投資試算表

物件名稱			物件類型		
地址					
樓層 / 總樓層			格局		
完工日期			改幾套	改4套(含家電)	
主建物	30.50	坪	車位類型	有 (機械式)	
陽台	1.00	坪	地坪	2.00	坪
露臺	0.50	坪	公設(含車位)	0.00	坪
附屬建物	2.00	坪	公設(無車位)	0.00	坪
總建坪	34.00	坪	公設比	5.88%	
實價行情		萬/坪	獨立車位	0.00	坪
法拍行情		萬/坪	增建	0.00	坪
銀行估價		萬/坪	其他成本		
估價			兩年房地稅	5	萬
買進單價	10	萬/坪	買進仲介費(2%)	6.5	萬
買進總價	340	萬	買進代書費	1	萬
裝修總價	120	萬	買進雜支	1.2	萬
家電支出	20	萬	賣出仲介費(2%)	10.2	萬
賣出單價	20	萬/坪	賣出代書費	1	萬
賣出總價	680	萬	賣出雜支	1.2	萬
貸款條件8成2% 本息攤還20年期計			房地合一稅基	20%	
			房地合一稅金	44.26	萬
貸款成數	0.80		損益試算		
貸款利率(年)	0.0200		初期投入資金	212.58	萬
貸款利率(月)	0.16666667%		買入成本	484.58	萬
貸款總額	272.00	萬	賣出成本	56.66	萬
月付(本利攤還)	1.376	萬	總成本	541.24	萬
月付(只還利息)	0.4533	萬	賣出營收	680.00	萬
持有時間	24	月	利潤	138.76	萬
房屋自備款	188.00	萬	年投報率	32.64%	

這些系統性的學習和工具的應用，在實務上面可以讓大家節省時間做判斷。因為在房地產的投資有時「機會」的把握是很重要的。

「好的物件不會過夜！」真正好的物件其實都是在看屋的同時當下決定的，很多人買房子會考慮太多，而當後來房子被別人買走之後才又很懊悔，其實這也不能怪他們，因為房子買賣需要錢，因為看屋的經驗不夠、看得不夠多，所以通常就會猶豫，可是考慮得太多，有的時候好物件就被別人搶走了，但我們的學員有了這個試算工具，許多案件在實際看屋之前就能在事前試算，把基本條件較差的就過濾掉了，不僅省時也省事！

關於「機會」要如何把握？有時學員仍覺得感受不夠具體，會問我要怎麼做？我的回答是：「如果你有一時的心動，那就直接下斡旋，不用考慮！」因為下斡旋並不一定代表非得要買，當然，你要怎麼樣去把這個斡旋給退掉，其實也有辦法於之後讓它破局的，所以不需要去擔心

我現在可能一下子就買到了，但是如果你錯失了機會讓別人給搶走之後，你就只能懊悔了。

懂投資的人在買房子前一定會先做好功課，那麼一般消費者，在和仲介一起看屋之前，其實更要做功課，那麼一般我們可以先做什麼功課呢？當房仲報給你一個物件時，其實一定還有時間，可能是隔天才要去看，但是在這段時間裡頭，你可以先做的功課，也就是你可以透過「實價登錄」去了解行情、透過「Google 地圖」去看周遭的環境，甚至到「都發局」的網站去了解公共建設的未來規劃，利用事前的緩衝時間先把功課做好、準備好，這樣如果看到的物件不錯，當下可做決定時，也就不會太過猶豫了！

學習是辛苦的，只要堅持才能獲得，只有學會了才能少走冤枉路，所以我才堅持一定要繳交正確的作業才能上下一階段的課！你沒時間？沒關係！我個別教你，但我一定要確保你完全學會了！竹子為什麼可以長得又高又快，是植物世界中生長最快速的，每一天成長可以達到

150公分！但你知道竹子前四年成長速度遠遠落後於其他植物只是個竹筍嗎？那是竹子他花了 4 年向下扎根，往土壤一直深根至百米深..所以第 5 年他才有辦法 1 天成長 150 公分！超越其他樹木！竹子在生長過程中，因為善於總結經驗、吸取教訓，從而長得又高又快，我從竹子的身上意識到基本功與堅持的重要性！

2-5

人生最有價值的東西

你想我們為什麼要把這麼多的心思花費在建構教育訓練的系統上？

教育訓練的內容需要是構思，它其實是也是需要一些時間的，並不是五分鐘、十分鐘，你就可以完成一個學程，要教什麼？要講什麼？包括內容的重點架構，比方一個「投報表」，在別的地方可能要花三萬多去上其他的課程才會，但是我們在這裡花我們的時間，把每一個學員去教到好、教到會，而不是讓他們再花錢、花時間去別的地方再去精進這些基本功，等他們自己去學，不是錢的問題，而是時間，因為等待會把整個團隊進行的進度給拖慢。

　　教育的目的就是要把人教會，訓練是讓人真的具有能力，既然教人學習，就要讓學到的人可以在最短的時間真正上手，發揮「學用一致」的實力，而學會東西就要能夠愈早用到愈好，因為時間是比金錢還要重要的，今天如果你花的錢是五萬、十萬，但是你有了能力，你可以愈早應用你的能力把這些賺回來，但是時間如果過了、流逝了，它是絕不可能再回來的。

　　所以我說：「真正有價值的不是錢，而是時間！」很多人把錢看得很重，把錢看很重的人往往要求大部分的利益，但是相對的犧牲了他最寶貴的時間，因為如果你想要利益，那麼你就必須要承擔大多數的事情，大小事情你必須都要自己做，結果你獲得的或許是錢，但是失去了很多的時間，因為你不想要跟別人分潤，你想要的是全部，你的獲得是錢和利潤，但是你失去了更寶貴的時間。

　　為了能夠有效率的運用時間，特別是在教育訓練之中其實有很多是知識性的東西必須要重複性的不斷講解，或

者是有一些即時性的資訊必須要傳遞，這些不論是「很花時間」或是「很緊急」的事情，都與真正有價值的時間有關，因此要把「有價值」的事情做好，就要透過有效率的工具來建立大家的彼此互動交流和學習的平台，而我們每一個區都有像是以下這樣的交流平台，不管有誰加入進來，藉由平台整合大家的訊息，每一個人都可能在這裡面與大家連結，共同成就出許多意想不到的事……

掃描進群，按照步驟就送您
『史上最懶打造倍增財富秘訣』

王永慶曾經說過他之所以可以把他的企業做得這麼大，從很小的一筆生意做到現在跨國性的規模，就是因為他能夠體認一個道理：「就是因為有八萬個員工把他們的時間分給了我，我一個人的時間只有 24 小時，但是我卻有八萬個員工同時在幫我做事。」這就是所謂「異體同心」的道理，「一個人走百步、不如一百個人走一步！」

　　這個市場很大，這個世界也很大，不要把格局做小了。我把我們的夥伴教會了，讓他們賺錢沒有關係，讓他們欠你人情才更是重要！欠錢還你就沒事了，但是欠人情很難還，在把別人教會的同時讓他們感受到自己的用心，他們懂得感恩會一輩子記得你。

2-6

分工與傳承的展現力量

「一個人要成長，必須要有所承擔！」我母親過世的時候，我承諾了她我會回到「創價學會」，如果不是因為當初這個承諾，我可能又走回了那個自閉的我。今天的我對於教育訓練，傳授別人我懂的、我會的，讓別人也能一起成長，不是出於利益關係，而是我能體會到人與人之間所存在那一種「恩情」。

曾經我也有過陷入低潮的時期，我曾求助於「創價學會」的前輩。前輩說：「既然你現在陷入了低潮，走！那麼我們去鼓勵別人。」

我問說為什麼要鼓勵別人？他說：「你在鼓勵別人的同時，其實就是在鼓勵自己！」

因為當你傳達一個正面的思想出去的時候，其實是先透過了自己的心，給予別人得到了正能量，其實是自己先受惠。因此其實想要學習最快的方式，就是去教別人，就像學校的小老師他們的功課為什麼會特別好，因為他們要去教別人的時候，自己就要先去把它弄懂，在教別人的時候，等於又是在做一個複習，同時你會在教學的當中去發現很多原本自己不知道、不了解的，突然間參透了一些道理，這是別人無法教你的。

因此，懂得傳承、懂得教人的人，其實自己學到的最多，我讓這種傳承分享的工作，同時以一種有系統的方式，分派給下面的人來體驗和共同承擔，讓有心的學員拉拔起來擔任組長的角色，在規劃教育訓練一般的學程之外，因為各個小組長所付出的心力更大，我會給予他們其他更多的訓練機會，除了法拍屋和中古屋的進階實戰的加

強演練之外，還會加強他們例如：網路行銷、公眾演說、法律、組織商業經營模式……等其他課程，藉由各區區長具有不同經歷和專長的互動帶領下，他們可以第一手獲得其他區長不同專業的學習成長，這也是我在為各區小組長們安排交叉輔導的一部分。組長有一個特別的 team，一個團隊組長的福利還可以收發所有的學員交出的情報和資源，團隊整體的資源是很龐大的，在他們擔起組長這個職務的同時，不僅僅只是在我高雄分區的團隊處理和執行事務，我們向上與慶仔老師，和橫向與台北、台中、台南各區的教育訓練，也會相互支援整合，在與各區區長以及外部講師排課、邀課的互動過程之中，他們是第一線的直接與前輩接觸認識，不只是第一手能向高手學到東西，還可以有更深入的交誼機會，獲得實質上的人脈交情，這些看不到的學習收穫，是真正有心參與，願意實際去承擔工作才能夠得到的，從我自己成長的經驗心得之中，我非常鼓勵我的學員們主動參與團隊事務的分工，唯有這樣大家的學習成長才會更快！

特別的能力訓練，給特別的小組長具備有更佳的能力，進而可以表現好工作的效率，這些不僅僅是在帶領組員的模式之中可以應用，同時回到了他們本身的職場領域，也能夠強化他們個人的優勢。隨著成員的越來越多，組長們在實際安排活動、課程以及輔導新成員的過程之中，每一位組長的能力也就會越來越提升，這種交流互動的學習，也讓成員們的能力更有效率的提升，這也是當我們的團隊越來越強大的時候，同時結合累積所有成員的智慧和資源，它所呈現和發揮的力量是無限量越來越強大的！

　　我雖是區長，但我明白區長只不過是一個方便服務各位夥伴的一個職稱罷了，拿掉職稱又剩下什麼呢.....我叫TIM，這英文名字我用了 20 年有餘，剛好恰巧與團隊的英文發音同音....

　　慶仔老師是我第一個老師，他曾告訴我：一個人打不贏一個團隊，一個團隊打不贏一個系統，一個系統打不贏

一個平台，一個平台打不贏一個堅持到底的人，一個堅持到底的人打不贏一群堅持到底的人！

　　我要找的不是學員，而是夥伴！能跟我一起成長一起走一百步的夥伴！

　　每個人生命的奧底都有無限可能的潛力，但絕大多數的人卻沒有發現並發掘這潛力，並庸庸碌碌的過完這一生！

　　人才，不去發現、培育、訓練，就不能成為真正的人才！

　　我要走的不是一百步，而是要與一百個人同時邁向成功的第一步！

　　夥伴們！我們一起加油！

分工與傳承的展現力量

第三篇
實戰經營

台南分區　導師—陳冠佑

陳冠佑

本可選擇穩定文職生涯的準英文老師，卻走入建材業務
領域，在眾多營造、建築工程的不斷精算歷練過程中，
練就出案件包裝、成本精算的實力，無疑是帶領你務實
獲利的最佳實戰導師。

知道了！懂了！然後呢？

實際付出「行動」才能夠驗證你的所知是否經得起考驗，

如果只是「紙上談兵」，你所獲得的知識並不能真正幫助

你什麼，沒有經過實戰驗證，若把錯誤的知識當真理，

反而更顯愚昧了！

3-1

人生不空轉

　　「生命不能只是空轉！」雖然我的年紀現在也才 30 歲而已，說這樣的字眼似乎有點老成，不過因為自己求學和成長的過程之中看很多，其實我也和大部分的人一樣，誰不想賺多點錢讓自己更好？誰不想拼命往上爬？可是當我們先天沒有好的家世背景，在社會上就只能夠靠著努力工作來賺錢，結果拼了命的工作也不能讓自己真的富裕起來。

　　我知道自己出生於平凡家庭，一切只能靠自己，如果要讓自己未來的人生精彩，那麼我選擇提早用時間來累積，因此我在大學的時候就開始工讀，工讀普遍都以服務

業的工作機會較多，我做過派報員、在路邊發廣告，也做過賣場的理貨員，但以工讀的時薪而言其實有限，因此若有機會我也同時兼做幾份差，KTV 的大夜班對我來說算是不錯的經歷，因為除了薪水之外，偶爾還可以收到額外的一些小費。

剛開始對於自己努力工作，光靠工讀平均一個月就可以有兩萬二的收入，其實還蠻自豪的，畢竟這可是真正靠自己所賺來的血汗錢，不過對於我這個從屏東到城市裡頭來討生活的人來說，即使一個月有兩萬二的收入，總有大半的支出必需要花費在吃住上，能夠真正存下來的也有限。

當兵退伍之後覺得可以全力投入職場工作，就有機會大展身手拼個好待遇，卻碰到了馬政府當時所提 22K 的政策，結果我全職工作的月薪也和大學時期工讀的時薪相差無幾，更讓我感覺到我的人生簡直就是在空轉！

　　「不能光靠死薪水！」學生要有收入靠打工，上班族增加收入靠投資，接觸了很多基金、股票等投資理財的資訊，終究只是「資訊」，應該怎麼去做？當自己真正親身投入，真的是叫「有賺有賠、風險自負」，金融投資的這場遊戲也是一趟空轉。而房地產是真正看得到摸得到的財富，認知了這一點之後，就從房地產的這一塊領域嘗試來為自己的人生財富翻轉，本以為房地產也就是「買低賣高」單純的獲利模式，但進入了慶仔老師的「房地產快樂賺錢團隊」之後，才發現房地產的投資經營其實不只有低買高賣這樣的模式而已，有非常多的經營型態(在方耀慶老師的著作中都呈現得淋漓盡致)令人大開眼界！

　　當初為什麼決心想加入團隊與其他人合作？是因為知道房地產的資金門檻有一定的高度，如果單靠一個人，可能只能一個案子做完、再做下一個案子……如此在時間上的花費，就算知道再多房地產投資經營的模式，也不能夠在短期之間累積最多的成功經驗。

　　進入了團隊之後，透過了團體合作的模式，也並不是只有學習到自己參與的案件而已，特別是在我擔任團隊「區長」之後，所有組員們的案件處理細節，我也需要協助參與，這是一般的房地產投資者不可能會有的經驗，我發現自己可以從中學習更多，畢竟如果只有一個人，因為資金有限，只能在自己承做的案件之中學習，其他狀況沒碰就不會，就會有很多風險和未知仍然看不見，萬一後續自己碰上一件失敗也一樣會前功盡棄，我不希望自己努力得來的又再化成一場空轉。因此面對房地產這一個投資經營的市場，組成團隊並且集合有共識的人一起合作，不論在風險的克服以及機會的把握上能夠一舉兩得，更透過彼此經驗交流的分享開啟了一條學習速成的捷徑！

3-2
「實戰」、「實作」具有的「實價」

　　大學我就讀的是文藻外語大學英文系，原本其實應該是去當老師的，因為家境不好自己很早就已體認必須及早自己拼經濟，所以在大學的時候，我就不斷的在打工，一直在尋找著怎麼樣可以更有錢？怎麼樣才有條件取得更高的待遇？結果在我打工接觸社會之後發現，就算憑著本科自己的所學專長，安穩當一個英文老師，可能的待遇也不是很好，看著外面很多當老闆的都可以賺很多錢，聽了許多前輩們的故事，覺得在學校成績的好壞對於將來待遇並沒有絕對性的關係，所以我一直在想，有一天自己一定也要當老闆才行。

後來有機會去英國念短期 MBA 的管理學院,接觸到所謂的「商業模式」,因為了解一些商業的模式,也開拓了一些人脈的關係,回國之後,因緣際會透過了朋友的關係進入到一家規模很大的老牌上市公司,當時心想這是一個大企業,自己以前接觸的多半都是餐飲服務業,這一類的商業模式很簡單,賺多賺少就看來客量和營業時間,而一個具有規模的大企業,可以養活這麼多的員工,且又不知多少下游產業生機都得靠它吃飯,如果有機會可以成為它的員工,就更能了解它的經營以及商業模式了,而這家上市公司做的是建築建材的上游原料產業,組織算是比較傳統、也比較保守,幾乎很少對外招聘員工,若不是正好因為人際認識的關係,一般人是不容易進去的。

　　頂著英國 MBA 的光環,進到公司之後,我負責的是一項「業務管理師」的職位,底下會帶一些業務,他們必須要負責維繫客戶,理所當然我也時常需要到客戶那兒去跑,客戶當中其實不少都是建商,而他們的工程可能會分

佈在全台各地，有時就要隨不同公司去看他們的各處工程，因為維繫廠商客戶的這層關係，我在工作之中也接觸到非常多的資源。

特別是在各個工地、工程非常多實際走訪當中，我看到的幾乎都是「工人」和「實料」，一件件的工程從無到有，都是每一個工人實際付出力氣和汗水，不管是用他們的雙手或應用機具，將實材、實料，一層層、一塊塊地搭造出來的。於是我更加理解「實作」真正價值存在的意義了，一般人看到的工程或建築，都是圍籬拆除完工之後的作品，可是當我們在購物商場之中吹著冷氣 shopping、享受美食；開車行經高架快速道路；搭乘捷運在地底下奔馳的同時，我們連它真正是怎麼興建出來的過程都不曾看過，又怎能想像得到呢？

社會上大家追求的都只是「結果」，都只關心在意「現成的東西」，可是沒有看到過程，沒有自己實際去做、去體驗，那麼你付出較高的代價去換取他們實做出來的成果

是合理的，因此任何一樣東西，如果懂了、會了，那麼真正的去進行實戰、實作的這個領域，所能創造出來的價值不僅實在，同時也是最大的，懂得經營製程實戰的整個商業模式，獲益也是最高的。

許許多多的商業模式之中，只要相關於「投資」的，它是有時機、起伏、週期、頻率和機率性的，不是天天可以補魚的，輪到時機不對的時候，也就是當景氣不好時，這種商業模式就會沒有收益進帳，如果一不小心，還會像我以前的經驗一樣，一次次累積得來的又全都吐回去。可是房地產的領域就不一樣，它可以投資，更可以「實作」，經營房地產，有建築工程或是裝修實作能力的，不論時機好壞都有一定的價值收益可以產出，會有基本的「實作價值」存在，所以時機不好至少還會賺小錢，而當時機一好的時候，那種「投資」價值附加的暴利可就不在話下了！

回首學生時代工讀過餐飲業，將食材實做給客人吃，以及現在接觸的營建工程，將建材實做出工程、建案，這

些都是實品實物的製程功夫，產生出價值與利潤的，雖然產業、規模、大小各有不同，有心投入實際去經營至少都能立於不敗之地。而了解悟出了實作與實戰的實質利基所在，若是透過整合經營，它也可能不只是賺工資薄利而已，才有可能成長擴大成企業化的經營，有一天或許也能建立起一間龐大的上市公司！有了這個想法，重點是「商業模式」要真正去建構執行。

「實戰」、「實作」具有的基本「實價」

3-3

合約談判不畏戰

　　有能力、有技術，可是真正要把我們的所知、所學變成真正可以為自己帶進收益的生意，就必須要透過一種商業模式，而不論任何一種商業模式，都得要面對外部的接觸，做生意講現實一點就是得和客戶接觸，用最簡單的理解，不管是商品的介紹或服務的說明就是一種「溝通」，對外經過了溝通才知道生意做不做得成？對內也要經過溝通才知道接到的生意要怎麼做？而有效的溝通，不僅是語言互動，更實質具體還要將它「契約文字化」，因此談實戰經營，「合約」是很重要的一個部份。

　　要把我們的能力、技術，透過商業模式做生意，談定

交易當中的溝通意見必須要確認下來，不可或缺的就是
「合約」。特別是我們所涉略的是相關房地產的生意，與
法律有關，像是購屋時，因為過戶時間有一定的期程，有
些屋主會急、會擔心，而交易目的當然也會希望能多賺點
錢，相對的購買的一方則會希望買便宜一點，可是房屋買
賣交易自條件確定簽約到實際交屋會有一段時間，為了避
免之中的變數，其中有一方突然反悔或產生糾紛，擬約過
程之中的一些條文、條例看怎麼樣有彈性的調整，可以讓
對方放心，又可以保護自己，比如尾款發生向銀行貸款不
足的部分，應該要怎麼樣去解？在買賣的時候就要先把這
些問題說明寫在合約上。

我們在實際接觸買賣時，最常碰到的情形，就是屋主
希望先拿一部分的錢，而我們希望的就是「借屋裝修」，
可以提前裝潢（不必等到過戶完成才交屋）以加快轉售或
出租的時間，而這個對於屋主及我們彼此都能互利的實質
條件，所隱含的風險就是排除一般「履約保證」的程序，

屋主錢已先拿走，房子我們也提前占有拆裝下去了，萬一後續過戶期間發生任何變數，就會像連續劇的台詞一樣「回不去了」，當合約只能繼續履行，但其中一方的權益明顯受損時，該怎麼辦？

而買賣房屋每一個案子所面對的都是不同的屋主、不同的仲介，每一個交易都必須現場談判、當下決定，並且立即調整合約怎樣去擬訂，這個不像一般人所想的好像就是非常簡單的知識，就一個房地產的買賣，房仲或是代書準備的都是「定型化契約」，可是關鍵性的條款，反而不是已知既定的普通條文，而是其他增補議定的內容條件，你要怎麼寫，雙方合意接受才是「眉角」。

事情不是等到發生了之後再說，但也不能因為擔心害怕就不去解決，當問題存在，如果什麼事都不去做，那麼也就不會有任何的結果產生，許多的問題和結果，我們都不能以被動「期待」的態度去因應，而是要積極地當即去反應，每一個決定，預期的結果和可能的損害，我們都要

事先做好準備，具體的在合約之中載明，事後一旦發生才能夠有所依循因應。

所以在「個別磋商條款」的擬定，我們要有基本的法律常識，並且依據可能的狀況指導學員要怎麼擬定，若是碰到更複雜的狀況，是不是再以「增補契約」的方式來充分溝通雙方面的權利、義務。

怎麼樣擬合約？我想除了法律相關系所的學生之外，幾乎絕大多數的人在學校教育根本不會學到它，而一般職場經驗領域當中也從來就不會接觸，可是一旦我們進到了商業模式的經營，在商場之中的實戰，就一定會面對與客戶之間的溝通和做談判，這些就「合約」上的重點，一般人並不會去重視，碰到了也不知怎麼樣去寫？有些人甚至連合約調整的權益都不知道？如果不懂得應用在「合約」上做文章，那麼在任何買賣交易的談判立場上，就絕對屬於弱勢，結果一定是輸的一方！

　　我發現有很多財商領域的學習，教的都是商業模式、業務技巧、投資理財......很多都僅止於觀念上的知識，沒有人在教合約和法規，但我卻非常重視這一塊，因為在實戰的經驗之中告訴我，戰場上是瞬息萬變的，要能當機立判、靈機活用，才能主控盤局，幾字幾句就能解決的事，你如果不會，事緩拖延籌措反而頻添變數，後續的溝通再議往往更加費事。所以在實戰的課題之中，合約這一道關卡，也是我和各區導師特別在教育訓練上，所要傳授的一門必修課題。

3-4

不囉嗦！講價格、講實際

接下來談房地產的實戰，最講實際的就是價格問題，買賣房子，誰不想要「買低、賣高」？所以延續合約談判應用的話題，怎麼「議價」？你一定會更關心！

關於議價的部分，特別是一種「心理戰」。「通常 10 個賣屋的人，大概有 8 個是缺錢！」所以在買賣的時候，我們怎麼樣議價，能夠讓屋主接受，這一點在談判的時候我們往往會發現，通常屋主最關心的是什麼時候可以拿到錢？可以拿多少錢？因此現場就是要透過合約的溝通和擬定讓對方能取得信任，合約如何更加彈性，又可以讓對方感到放心，也是呼應了前一個章節現場合約談判研擬的

重要性，如果當下滿足對方「時間」急迫性的需求，我們當然也要取得一點「價格」上的優勢，這個通常如果在當下談妥，把權利、義務說明清楚，當下沒有爭議，賣方幾乎不會反悔！

通盤的情況是這樣，但是原則和變數怎麼樣能順利照著我們希望的劇本走？也不是「芹菜公哄」，合約技巧只是在商議好了條件之下更能加速順暢進行完成的部分，但是在議價心理戰的「前戲」，不但不可少，可還要做足精彩內容才行，至於砍價、殺價面對的屋主不同，要用軟、硬、快、慢不同的策略如何進行，要看對方的刺激反應我們才能因應決策，不管如何，價格談判本就會有多或少的空間彈性，面對個案自有我們不同的因應之道。至於是用什麼技巧或手法來議價，在這兒賣個關子，不是書裡不教你，而是由於不同情況，面對不同對象的議價並沒有絕對統一的致勝公式，議價前戲配合的演員可能各有不同，每個人詮釋戲劇的表現方式、呈現的效果張力也有所不同。

雖然在戲劇臨場不能教你演，但是我在這裡可以分享教你怎麼導戲，就是教你如果可以先挑到好的劇本、挑好演員，會比臨場操控每個演員怎麼走位、怎麼反應，還要更容易成功。選購房子時，好的劇本就是好物件，如果一開始就能碰到好案子，原本的條件就已夠便宜又夠好，那麼即使不會議價，也已經成功一半了，而這個好劇本自動上門、好演員怎麼挑？這就有一定方法的，可以大方在此分享給你！

在購屋議價時我們會碰到的對手戲，戲劇成員會有屋主，但其中面對的也有仲介人員，而如何挑選仲介演員就是一個專業導演的功課，你也可以學。不同的個案我們接觸的房仲可能有些熟識、有些陌生，陌生的房仲在我們的需求和了解配合度上可能缺乏默契，要製作出一齣好戲不容易，於是在仲介的經營上我們也會有不同的做法，就是培養足夠默契的演員，多多認識房仲。

我們現在有 500 個仲介名單，這些都是由團隊共同去

收集的，我會請每一個成員，一個禮拜可能交 5 個名單，然後我請助理將這些名單收集好，其實收集這 500 個名單的速度非常快，雖然收集的速度很快，但是我們仍然必須保持著跟房仲的互動並且繼續收集名單，因為房仲的流動率很快，這 500 個名單經過半年之後可能只剩下 200 個人存活，再一直累積新的 500 個名單，半年後又能從中自然篩出 200 個有效的名單，而最終哪一些房仲仍然存活，並且是值得信任同時容易配合的，只要經過時間就能找到最好的。

培養收集仲介名單就像是在培養戲劇演員名星一樣，長久篩選下來並培養默契，當他們開發到適合我們的案子，就會第一個與我們連絡，這也就是為什麼可以不需要具備議價的本事和能力，先天就可以成功一半的原因了！

而累積的這麼多名單，其實在團隊之中也是大家可以共享的，名單為什麼要讓大家可以互通，主要就是每個人

可能在人際的關係上面，這個人可能跟我沒有緣，但是可能跟其他的人比較有緣，在互動上面可能因為相處的模式跟習慣不同，房仲在跟我們報物件的時候，經過長時間的互動，他們可能喜歡跟誰溝通，或是哪一個房仲比較了解我們需要的物件，不論如何，房仲與我們團隊能夠建立好關係及默契，我們也就更容易可以隨時掌握到市場上第一手的好案子了。

3-5

實戰獲利操作

　　買房子，議價階段的第一個部分就是針對房仲，當我們對於房地產市場以及仲介業的生態之後，對於房仲人員的經營，其實也就是議價的一環了，怎麼樣讓他可以用比較低的價錢來收斡，因為收了斡旋，才是進一步開始和屋主談判的開始，理所當然，議價的條件可以從愈低起價開始談起愈好。而再進一步議價的第二個部分就是直接面對屋主，當可能見面談的時候，怎麼樣跟屋主說服到他願意用較低的價格賣出，這個議價溝通以及合約簽訂的過程其實算是在價格與獲利佈局的前半場戰事。

　　而在案件進來之後，想要獲利收益，就要讓房子變得

更有價值，或具有更好的使用效益，這個階段的實戰工作就是怎麼樣去把房子透過裝修包裝成一個好的物件。案子在開始設計裝修的時候，我們會安排已經有實際裝修經驗的學員帶兩個沒有經驗的學員來分組，每個案子會由我擔任協助輔導的角色去參與，如果說他們有任何的問題的話我就會實際教他們處理，必要的話我一定到場幫忙，如果再碰到一些可能連我都沒有處理過的狀況，我就會請慶仔老師來看。

所以在實際裝修實作的分享學習上，我們很重視分組實做，讓每一個人都可以實際參與其中，從每一次的裝潢施作的過程之中，學員只要親身經歷過一次的經驗，就會知道裝修之中有什麼工法、什麼材料，可以應用在什麼需求和功能之中，許多過程都是可複製、可轉換的，當真正做了之後，方法就會了，再來之後就可以重複做，並且教更新的學員，不只自己真的會了，也還能夠教別人。

房地產基本的獲利就是要買低、賣高，從中賺取價

差,我們從房仲資訊的案源透過議價或是經由法拍取得的案件,在價格上已取得不敗之地,加上所有裝潢設計不假於人,成本和售價之間,照說應該會有很大的利潤,不過現在賣高真的不容易,因為資訊公開,實價行情大家都會查,所以我們其實裝潢好的房子也都是用合理價來賣,有時還會賣得比實價便宜。但你可能會說,那麼這樣哪有賺?

其實貪圖價差賺取高額的利潤並不是我們的目的,我們有能力做有把握的事,也就是可以取得較低的成本,房子買進的價格便宜,同時裝潢、設計、施工、材料全都自己來,節省掉其中許多原本更多人賺取層層利潤的目的只是其一,更重要的是時間工程進度我們可以完全掌控,我們自己裝修,一方面省錢、一方面省時,如果能夠迅速轉賣成交,可以很快的再去做下一個物件,同時掌控住「時間」和「價格」的因素,可以將「風險」控管到最低,這才是最重要的。

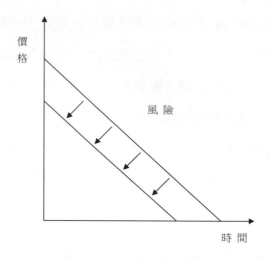

（省錢：節省裝潢、設計、材料、監工......費用，售價可以降低）
（省時：售價降低好賣，銷售時間也能縮短）

　　因此「週轉率」才比單筆利潤更為重要，如果我們能
夠在有限的時間成交比較多的物件，就不需要去擔心一個
物件我們賺的不多，因為如果為了想要賺取高利潤，一定
得要滿足一定的利潤才肯放手，萬一市場突然發生變局，
賣不掉的時候，不但利潤賺不到，資金同時也被卡住無法
靈活運用，反而得不償失。

3-6
不要怕麻煩，腦洞開通自然變輕鬆

　　很多事情經過實作之後，你才會真正的體驗到，學習如果只是聽懂還不行，必須要有實際的經驗分享以及自己的體驗之後，你才會懂得學習的重要，比方在我們準備建材的時候，我們會因應所要裝修設計的物件去採購，各種建材的品項的規格、詳細的種類，真正去碰了之後你才會知道有些什麼樣的差異。

　　例如我們要做一個洗手台，因為洗手台的出水口以及排水孔的位置可能有高有低，排水孔的部分有些是在牆面上，而有些是直通地板的，所以我們去建材行採購洗手台材料的時候，老闆問說：「你們是要長腳的還是短腳的？」

這真的是經驗，經驗讓我們知道如果你沒有實際去接觸實做，你不會知道在建材上其實有許多規格上的種類、區別，你必須去認識，當實際碰到，也才會知道原來所謂的「長腳」就是水管直通到地面的排水孔，而「短腳」是適用於通到牆面排水出去的排水管。

還有比方馬桶的種類，也會有不同內部的彎曲結構，水流怎麼樣排放也會有差，在施工的時候，我們其實要比師傅還懂，如果裝潢的師傅在過程之中為了省事或省料，使用不當的方式進行施作，等到完工之後，可能後續裝置水電設備時會有不合，或是像馬桶浴室老是會有異味……很多你可能沒想到的問題，事後發生，還不知道是怎麼一回事，這些講起來都是一樣一樣的細節，但其實你必須要懂的。

在還沒有接觸的時候，我們可能不會去想這麼多的問題，所謂的專業領域真的是「隔行如隔山」，如果做房地產的投資，從事與居住相關的產業，不去懂得裝修上面的

小問題，對於相關裝潢工、料、成本的無知，別說從事房地產投資可能會因為裝修而扯上後續售屋的糾紛，就連為了自住而裝潢的後續居住也可能會產生使用不便的情形。

實戰就是很多事情都要經歷、都要去做，就像是稅務的東西，你若覺得很複雜、很難，不想去碰，可是一次交易下來，核定多少稅額，是多、是少就是要繳，你躲不掉，如果真的細心去把它弄懂，光是以稅務來做比較，可以「合法節稅」和疏忽「漏報、報錯被罰」，一來一往的結果可能就會相差非常的多。

就像「房地合一稅」，它是有一些的東西可以列舉，但是可列舉的並不是所有的東西通通都可以，不是我們說了算，是要國稅局說了才算，所以我們也是必須要跟國稅局的一些專員去問、去請教，要認識窗口，去多問他們一些問題，從他們的實務上去了解有哪一些的東西可以去列舉，對我們某方面來講，就可以減少一些成本。

而如果真的要有比較多的機會去跟國稅局接觸和學習，更積極的方法就是開公司，我會鼓勵學員可以的話，有機會有條件就去開公司，開一個小公司你就會需要接觸到報稅的問題，其實就會跟國稅局有所接觸，熟悉了國稅局的窗口，於是進一步我們就會經過交流互動的經驗分享，知道有哪一些稅務的機構在審理案件的時候會比較嚴格、態度不好又不好搞，哪一區的稅務機關服務細心、態度又是比較親切有禮的。

　　說到這裡，很多學員有時會說，幹麻要這麼麻煩？我就會說：「當你用自己一個人的思維去想的時候，很多事都會覺得很難，因為沒有幫手，可是你如果是用團隊的思維去想，你會覺得不做不行！」

　　因此「不要怕麻煩！」有錢人為什麼有錢？有錢人是這些麻煩他們以前都處理過，因為他們處理過這些麻煩事，所以就他們來講這些事也就覺得不麻煩了。而當真正去做的時候，反而才發現，原來人多真的好辦事，有團隊

分工依每個人的經驗專長和人脈網絡去做事,原以為很難的事情,也就一點也不難了!這就是為什麼團隊的力量絕對勝過自己一個人苦幹實幹的原因,相對的「人若想不通,就會一直往困境裡頭鑽!」其實只要一想通,也就自然變輕鬆了!

第四篇
行銷管理

台中分區　導師—李瑞欣

李瑞欣

現代「棄官從商」，公職轉換跑道，挑戰不平凡的人生，深諳法規程序資源，擁有多元的策略行銷管道，與她學習應用有效資源與行銷工具，創高價值、達成目標均可事半功倍。

房地產的行銷，若講賣房子，您能強過「房仲」、「代銷」他們專業的行銷能力嗎？如果不能，就把專業交給具有強項的人去做！房地產的事業版圖，行銷並不只有「賣房子」的事，什麼才是值得你更關心的……

4-1

鏽蝕掉的鐵飯碗，食難嚥

　　如果可以更早碰到慶仔老師加入這個團隊，我就可以少走很多投資房地產的冤枉路了。開始接觸房地產投資，實在是因為想要早點逃離公務員的生涯，心想如果可以靠房地產投資擁有被動收入，就不一定得靠公務員的薪水過日子，我可以選擇更精采的生活方式。

　　於是在我擔任公職之初，努力先把薪水全都存下來，很早就開始接觸投資房市了，因為公務人員嚴禁在外兼職，所以說我另外有在投資房地產從事投資，其實就只是單純把錢交給別人處理，不少人聽到會說：「哇！妳是投資客的金主吔。」

對於這種玩笑話，自己聽來更是格外沉重，很多親友會追問我為什麼這麼想要離開公家機關？

「公家機關不就是鐵飯碗嗎？」

「外頭有多少人搶著要的工作，好好的為什麼要放棄？」

⋯⋯

由於就學時我念的是獸醫系，因為專長的關係，我考進公職所從事的領域是在防疫所，防疫所所接觸的也就是動物以及相關疾病防疫檢查等工作，因為這算是一個很封閉性的工作職務，很多事物其實一般人不甚了解，在封閉的公務體系裡上班，官場文化的適應，就年輕的我來說，可能要一直熬到有更菜的人進來才會好過一些，而動物疫病防檢這個項目，在和「人」的健康醫療項目相較之下，並不受重視，在政府財政預算的排擠下，部門的經費不斷被砍，很多事情「不讓馬兒吃草，卻要馬兒跑得好」。因此並非公家機關的所有職務都是外界所想像的爽缺，在制

度僵化的龐大公務體系裡頭，面對的是「同酬不同工」的待遇，到職接下什麼職位就會決定什麼樣的命運，真的就叫做「命」！

面對現實，如果不喜歡或不能適應這個環境，想要申調到其他的單位，以我的專長想調相關可應聘的職缺真的很少，更何況還必須經由雙方主管的同意，因此並不是真的可以輕易轉調的，真正待不住的最終選擇只有「請辭」是唯一的路。

「離開之後，可能會更好嗎？」關心我的親朋好友也有很多人問我這個問題，或者有些人已經會替我打好了算盤，既然選擇離開，除非一定是更好吧？

坦白說，離開之後會不會更好？我不知道！我只知道我必須要創造被動收入，如果能靠投資不動產擁有被動收入，我不一定非得要領公家機關的薪水。在防疫所那封閉又小的環境之中工作，以我的年紀真的很不適應，我看到

有人 40 歲才考上高普考後進來當公職的，於是我就在想，萬一真的辭職在外頭混得不好，等我 40 歲的時候還混不出個名堂來，大不了再重新考回來不就得了。

前面提到有些人稱我叫做「投資客的金主」，我這個「金主」和投資客之間是以所謂合資的方式來操作，不過是從十幾萬開始投資的小錢而已，真正只有十幾萬其實是買不起房子的，所以我才說是笑笑就算了！因為委託他人合資代操投資，真正投資什麼樣的標的，大概就只能夠信任別人，對於房子的處理經過其實自己並不清楚。

「把錢交給別人放心嗎？」雖說合作當然一定是會有信任的基礎在，我也不是傻子，白白把錢當肉包子丟，該做的相對保全動作還是會做，但因為投資的標的終究不是自己找、自己看的，心裡還是有那麼點不踏實，總覺得不知哪裡怪？後來問題真的發生了，我的投資客友人因為個人本身的問題，突然不見找不到人了，當他離開之後，我們其他這些合夥人才發現處分上的問題，因為投資的房產

如果後續要賣的時候應該怎麼辦？碰上了，現在也只能夠變成了一種長期投資，好在仍有租金可以收益，也算是安慰。

我在事後心想，還好不是碰上捲款或是惡意倒帳，倘若投資倒頭來卻變成一種負債，豈不就「得不償失」？發生了這件事情之後我才恐懼到原來房地產的投資風險，若沒有碰上則已，一碰上如果是個超級無底洞，那麼自己所面臨的人生可能就要完全黑暗了！這可能比自己原來工作職涯所要面臨遭遇的苦，更是食難下嚥。

鏽蝕掉的鐵飯碗・食難嚥

4-2
掌控作價的細節，決策市場條件的應變

　　剛入這個團隊，我很幸運的就碰上一個「毛胚屋」的物件，所謂的毛胚屋就是連衛浴的馬桶、廚房的流理枱都沒有，就連地板磁磚、牆面油漆都沒有的原始空殼樣貌，因此從買到接手開始，所有設計、裝潢、建材比價、監工……到委託房仲銷售賣出，這一個完整流程不僅讓我學習到房地產從進到出(錢的部分)，還包括屋況裝修大改造(物的內容)，這和我之前就是把錢交給投資客，任憑別人處理是完全不同的，出錢合資交給別人代為投資操作，簽了字就只能等待結果，等待是很長一段虛浮和飄渺的過程，自己親手操作學習，一切過程自己掌握，縱使其中碰到問題也要親自迎面解決克服，了解問題出在哪裡，也就

不必再擔心害怕，房屋進件買了多少錢？花了多少加工成本？賺了多錢？心頭感受是非常踏實的。

一般人買一間房子的價錢，表面上是一個總價，但是實質上拆開來，它除了房屋本身的售價之外，還加上了內部的裝潢費用以及看不到的資產稅費、規費，還有仲介的服務費以及前手的利潤差價，所以當自己從一個毛胚屋的取得到完整的把房子銷售獲利之後，我才了解到，如果這個當中所有的環節都會了，掌控了裝潢的成本以及售價行銷上的技巧，那麼投資房地產，不管經濟循環是好是壞，總是可以去從中做調整，最差的狀況不過也就是把它出租當成資產，選擇長期的收益也並不壞。

認真要把房地產當成一個事業來做的話，不管面對什麼樣的好壞時機都要可以做才行，如果因為景氣變差就沒得做，那麼這種投資經營的方式也就像是在「靠天吃飯」，如果現在市場不好，豈不是在吃西北風？

　　一樣在做房地產的投資，以前的我付錢給別人玩，只能勉強算是「玩票」而已，除了風險大之外，也沒辦法長久，若是如此是要怎麼讓我脫離「已鏽鈍的公家飯碗」呢？比較於現在自己參與經營房地產的投資團隊，因為實做、實戰，從頭到尾的所有細節和過程都可以掌握，自然也就不用擔心受環境變化的影響，不論環境怎麼變化，我們都可以調整策略行動輕鬆去因應。

　　調整、因應，就是掌控各種變化，可以隨時有彈性去應變任何問題，否則以我一個女孩子，怎麼足以應付整個房地產從頭到尾的事情，特別是裝修與工程方面的細節，一間什麼都沒有的「毛胚屋」，我一個女生怎麼可能真的動手自己做？可是當我從慶仔帶著團隊一起把整個案件做起來之後，爾後每一個案子包括設計、裝修、工程、銷售，我真的可以大聲跟別人說是「我」做的，因為真正懂了各個流程、細節，可以溝通、指導別人怎樣來做，過程靠人、也靠方法，結果真的呈現出來就是騙不了人。所以

投資不是只用一個模式，團隊能夠分工管理也不是只有一套方法，「懂應變」相對也就「有能力」，這並不是男生、女生，性別上的問題，只要能夠懂應變，懂得運用方法，就有能力帶領團隊。

同樣的，房地產市場會因為時間和大環境而有所變化，要怎麼去調整當然也一定要有可變、適宜的「經營之道」，就如我們的房地產投資團隊，在北、中、南都有不同的團隊，各區在進行房地產投資的策略上，多多少少也要以各別市場的特性進行考量，因此如果團隊投資如果只會做預售屋團購，當稅法政策大轉彎或是建商工期、售價做調整，這種購屋團就玩完了，所以團隊如果只會做一種投資模式，那麼面臨市場一個轉折變化，也就立馬收工做不下去了。而我們的團隊學的是全套，所以由北、中、南各區所帶領執行的投資物件之中就可以看出千變萬化的內容，高雄和台北各有法拍和套房的物件，而我所帶領的中區在台中也有辦公室的物件，這就是因應不同市場可做

的彈性適應準則。

除了投資標的策略的「因地制宜」彈性，行銷的策略也多變化，在我台中的區域，因為近年受到「奢移稅」、「房地合一」等政府房市政策的影響，房市、房價整體因素的變化，使得台中法拍屋的市場變得很特殊，不僅法拍案件量少，競標的對象其中更有不少的自住客也參與其中，使得法拍成交價格與一般市價相差無幾，考量法拍案件點交程序的時效性和資金彈性效益，別區的投資經營其中或多或少有一些法拍案件，但我們這區是連一件法拍案都沒做，反而是以中古屋的買賣操作為主，這也就是行銷策略的彈性與市場區隔，我們有的不光只是一種投資模式，而是面對各種市況都可以完全因應的特別優勢！

中古屋的市場操作，著重的就是在行銷，而行銷的秘訣並不只是「怎麼賣」而已，前面提及為什麼我們這區在這段期間不做法拍的原因是考量「資金效益」和「時效」也是行銷領域的重要環節，行銷要考量的範圍，是從進件

前的挑選標的就要精確，且一開始就要設定好未來的潛在客戶；而進件後的過程還要規劃如何進行包裝，其中對於投資標的的改裝、改建，裝潢成本、施工工期的拿捏掐算；到真正銷售時委託仲介的開價、底價；最後銷售出去所需分擔的稅費……這所有的細節其實都是行銷的一部分，畢竟「行銷的目的就是要賺錢」，當中每一部分都關係著團隊參與合資成員們能夠賺多或賺少！

4-3

行銷的策略模式

　　行銷會有特定目標及成效要去達成，它必須要有一個模式，如前面所提的「包裝」，就很清楚明白它是為了創造價值利潤，是一種商品銷售的「商業模式」；而為了達到契約合意的目的，它銷售的不一定是有形的實質商品，這個行銷領域可以把它定義成一種行銷的「業務模式」。

　　講白話一點，行銷就跟賣東西一樣，賣東西是很直接的，有些東西要賣其實很容易，可以用價格便宜來做誘因，特別是消費性的商品，屬於消耗性質的東西，用掉（或吃掉）就沒了，具有不斷重複使用消費的商品，這種商品行銷起來並不難，想要輕鬆做就以一種「價格戰」的策略

方式來比便宜就好！

　　不過我們房地產團隊所必須要做的行銷並不是如此，因為它的金額龐大，以「商品模式」來說，不會有人天天重複買房子，買一棟房子可能會住上很久，等下一次換屋要再買的時候，也已經是很久之後的事了。其次，房地產的學程推廣則是「業務模式」的行銷，學習不動產相當於是學習一種技術能力，像汽車駕訓的考照班一樣，當你考上駕照會開車了之後，你還會重新付錢去駕訓班上課嗎？

　　房地產這個領域的智慧和經驗，要你得到之後重複再付一次錢來學是不太可能的，因此我們的團隊成員一進來其實就是永久會員了，也就是一旦加入，之後不管多久都可以持續來學，沒有期限的！因為定了期限也沒有用，如果固定了一個期限，學員在這一段期間之中並沒有機會真的進場買房子，或是因為種種原因想買房子買不到，這一期繳交的學費就浪費了，那麼等到真的需要買屋或賣屋，

必須應用到團隊資源的時候，再繳一次學費進來，豈不是會花得很冤。

不管是「商業模式」或「業務模式」的目的雖然都是在「賣東西」。可是如果賣的是有形商品，只要東西好，標上售價放著，人家看了喜歡就會買，但是在賣一種無形商品時，銷售的過程就會不太一樣。

> **行銷的策略模式**
>
> **商業模式：品質、價格**
>
> **業務模式：需求、資訊服務**

因此依照我們房地產市場的本質特性，推廣房地產團隊這種學習與合作的一個學程，不以期限來設限、不以低價來銷售，像這樣要把一個無形的商品賣給別人，它就像似「傳教士」般的工作，必須要將一個理念傳達給別人，

讓他人能夠接受，並且認同我們所推銷的，並且要讓對方願意掏出錢來或簽立合約跟你做交易，首先必須先建立一個共同的語言，建立共同的語言是一個溝通的橋樑，可以站在對方的出發點以同理心來建立共同語言的溝通橋樑，在與客戶之間有了同理心跟共同語言，信任感就會有了，於是彼此就比較容易合意，行銷的目的就能夠成交！

因此為了傳授學員們整個團隊的行銷觀念，我教的東西比一般業務行銷技巧更為廣泛，一般有效的行銷業務模式，除了建立共同的語言和考量自身產品的特性之外，最重要的一點是必須讓對方有「需求」，業務形式的訓練都是在教業務人員怎麼樣去創造客戶的需求，任何業務訓練都在擴大對於商品的需求，這是業務的共通模式，所以特別會去強調如何刺激、加強客戶的「慾望」。

可是幾乎所有的人，對於購屋的需求和慾望，都是與生俱來的，所以不論是「買房」或是「學習買房」，每個人潛在就有這方面的需求，推廣房地產團隊的課程，我們

行銷模式在「需求」的立場上並不用太過於花腦筋，反而是在建立共同語言、共同信念，在這個理念傳達和宣傳的部分更為重要，特別是因為整體社會環境，普遍對於房地產資訊透明度的缺乏，其中含帶了許多資本暴利的資訊，形成大多數人對於房地產投資的刻板印象多屬負面，大家對於投資房地產這件事情又愛又怕，

就一般人來說，房地產牽扯到的金錢數字對他們來說是很龐大的，所以往往都會擔心買到貴，甚至還會有人擔心疑慮會受騙……等等，因為資訊的亂象，加重了房地產在整個社會環境氛圍之中的負面印象，所以在從事房地產這個領域之中，要去導正投資理財的觀念，我們要花更大的誠意，更加努力去釐清漂白，才能夠得到別人的認同以及信任，我想對於房地產投資這整個社會的價值觀，就如同是教育一樣的百年大計，並非一朝一夕能夠把它扭轉回來的，好在我們也並不是希望全天下的人完全都懂房地產，我們做的或許就是一個「資訊財」，當房地產的資訊

有落差的時候，我們在這一個領域才能夠特別顯示出不凡
的價值。

4-4

行銷工具與方法的活用

　　而行銷在有了商品和組織架構的觀念之後，怎麼樣應用工具以及有效益的方法執行，相信大家對這個部分一定也非常感到興趣，行銷當然就是要透過「媒體」才能傳播資訊，而所謂「媒體」涵蓋的範圍很廣，傳統大家所熟悉的媒體不外乎就是電視、廣播、書籍、報章雜誌……等等，這些媒介的影響力是很大的，傳遞的內容也比較深入，就如你現在所看到的書，就是！有了「它」，你才能更認識我們、了解我們！

　　傳統媒體是無法取代的，就行銷而言它是具有真正「力量」的，因此傳統媒體至今而後它都不會消失。可是

要透過傳統媒體運作行銷，因為它的成本、內容、規模是
比較大的，你看到我們現在已經在做了，但這一塊的「影
響力行銷」，一般人要做並不容易，也不是你想做就做得
到的，我們暫先不談。講比較實際一般人能夠做的到的，
其實就是網路通訊，從 PPT、部落格、youtube 的網路發
展，到現在 LINE、facebook 的通訊普及，雖然它不像傳統
媒體可以將信息有如陽光般舖滿整遍市場，但是它獨具有
的「小眾」、「分眾」的滲透性仍然不可輕忽。

網路與通訊（新媒體）的應用

網　　路	通　　訊
PTT	簡訊
部落格	LINE
Youtube	Facebook

● 網、通交互應用，可透過網址或 QR code 的轉換進行傳貼
(如：將部落格文章或 Youtube 影音傳送到 LINE 或 FB，讓朋友
群在手機和電腦上收看；LINE@生活圈或 FB 粉絲的招募也可以
將網址轉換透過 PTT 和部落格的互動邀請朋友加入。)

　　網通交互應用的靈活便利，已經成就出另一種「新」媒體的時代，現在只要透過手機，就可以將廣告以及行銷內容隨時傳送觸及到潛在的客戶。由於手機現在已經是最普遍的生活用品了，幾乎人人都有，甚至許多人不只擁有一隻手機，一個人同時擁有許多門號的也不在少數。所以透過手機、透過通訊軟體，不只單純因為通話或視訊，大家習慣性使用它來接收任何資訊的情況下，廣告、行銷當然也可以透過信息的發送、分享，傳遞給可能需要或是有興趣的人。

　　就連網址資訊也能夠很方便的透過網路上的條碼或 QR code 產生器，將網址變成條碼或 QR code 的「圖像」，印製於商品包裝、活動海報……引導消費者透過手機連結進入到行銷網頁。

　　如果有那麼這麼好的網通媒介存在，行銷工具就這樣擺著大家都可以免費自由取用，你不會用也就枉然、也是徒勞無功。

網路上有許多「QR code 產生器」的工具資訊可以應用

　　網路平台和通訊軟體的這些工具是死的,因為它很便利,幾乎不用花你什麼工夫就可以把行銷活動給弄出來,於是你以為它很容易就可以為你帶來客戶和商機,那你就大錯特錯了!由於 LINE 和 FB 現在大家普遍都在用它來做行銷,但是有很多人的經驗和結果反應,原本覺得已經

透過網路把全部資訊都連結起來了，就應該會自己帶來客戶，結果卻沒有，於是就覺得它無效、沒意義。

利用 LINE 和 FB 來行銷，不是光只是去「使用」它就好，而是要用它來「傳遞」什麼東西，「內容」才是王道！當有這麼便利的通訊軟體和工具可以將消費者帶到你的行銷網頁之中，你的網頁裡，有什麼樣的內容？什麼樣的資訊？能否讓消費者得到什麼好康的優惠或是讓消費者感到其中真的具有價值？甚至還會為你主動分享，才會真的有意義？否則人家好不容易透過 QR code 或連結進到了你家，卻什麼都沒有，讓消費者感到失望或覺得有種被騙的感覺反而是很扣分的負面結果，因此有了便利的工具，回歸到最後，也是回歸到你的商品、你的資訊，如何用心能夠留住客人才是真的。

什麼才是行銷上的真正「心思」？你必須為行銷活動的內容做更多準備，像我們舉辦課程說明會，我們就要讓看到的人明白知道來這兒可以得到什麼？來這兒有什麼

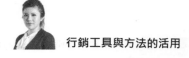
意義？而來到這兒的人，也可以看到學長前輩們的學習見證，感受到團隊的真實力，認同我們的學員，在內部實際的課程內容還會再分大課程、小課程，請不同層面的專家傳授各領域的學習和分享實戰的經驗。

所以講「行銷」，在前頭接觸潛在客層的工具應用，單純 LINE 和 FB 的廣告或訊息，也要與後續行銷活動的進行，還有課程、觀摩、實作⋯⋯我們真正在做的事情，持續地結合、呼應，才會發揮出它的成效出來。真正搞懂、想通之後，LINE 和 FB 可以做的就不只是這樣，對外它不只在做說明會的行銷，就連對內學員的課程、實戰等學習管理，能夠懂得活用，「它」就不單只是行銷的工具而已了。

有了前端通訊或網路的工具，將後頭的活動、內容，應用不管是 FB 廣告、LINE@生活圈、Youtube 影音、部落格圖文⋯⋯把資訊傳送到客戶端，而回饋的介面，怎麼讓客戶可以參與我們，實際接觸的互動，傳統最普遍的管

道是直接提供電話資訊，讓客人來電洽詢，但是因為我們
販售的並非一般看得到、吃得到的「商品」，能力、知識
和智慧的傳授，是需要讓人實際「體驗」的，這種「體驗」
授課學習的參與必須是要「親臨」才能夠體會，然後你才
會決定要或不要！想要簡單靠電話是無法說明的，因此實
體說明會的舉辦是絕對必要的，而消費者若要參加報名，
則要透過表單或是報名系統，才能建立起資訊宣傳與回饋
報名互動整個行銷的流程管理。

　　這個層面所要應用的互動工具，可以透過 weebly、
wordpress 的網頁製作，或是 Google 表單，以及如 beclass、
accupass 等線上報名系統，來做為說明會的報名以及行銷
活動的潛在客戶名單搜集與累積。回到這行銷前、中、後
的所有工作和內容，都需要很靈活的去規劃設計，而每一
回的成效都會在預定的時間立刻得到答案，然後就要立即
進行調整修正再去迎戰下一回，所以行銷真的算是極具刺
激的一項挑戰！

行銷網絡連結完整拼圖

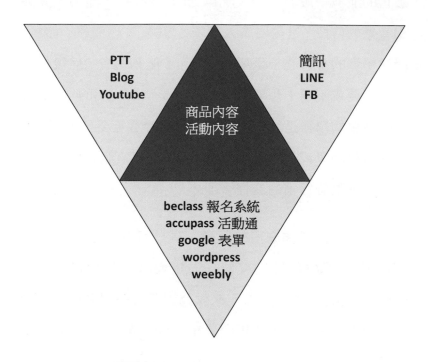

4-5
規模經濟概念與彈性避險

雖然行銷在策略上可以區分出以「商業模式」的價格行銷，也可以是關於課程、教育訓練，甚至套用在其他領域和組織人脈發展「業務模式」的行銷，但是行銷如果顧及投資與風險的平衡上，它還能切入的更深、更廣，我把它視為「操作規模」實戰與實做的必要規劃，在案件設計的規模與工程操作面，有一個裝修工程的實做案例可以分享給大家：

我們在台中有一個商辦的案件原本是 200 坪的空間，把它買下來是一筆龐大的數字，開始的時候由於這個物件是 4 戶打通整層開放格局，由於原始的屋況非常

糟糕，不能住人也不能辦公，沒有銀行會願意貸款，所以完全就是靠我們的學員集資用現金把它承購下來，再進行裝修完成之後才跟銀行來申貸。

而在裝修之前，我們就必須考量要怎麼樣去做它未來的規劃，所以就要先設想未來可以行銷給什麼樣的客群、對象？我們曾經想過把它全部裝潢成套房，分隔套房分售或出租，但是這樣一來可能在工程的進度，還有分戶上面的困難度，必須花費更多時間去做進一步的準備和處理，所花費的時間跟金錢的效益是否真的能夠讓大家滿意？

經過考量，我們最後決定把它隔回原本三房兩廳的 4 個正常格局，鎖定未來行銷的對象就是一般的家庭，在考量到整個商品市場面的環境、需求，還有裝修成本、時間，以及未來大家的利潤分配，這便是就「行銷」的立場所必須綜合各方考量而決定出來的最佳策略。

　　這個案子隔間還原為 4 戶之後，我們就可以依照不同的時機點去做行銷，比方 4 件分戶銷售的過程，早先有 2 戶已銷售出去，取得不錯的價格了，後續市場狀況好的話，我們可以把剩餘的 2 戶加價上去賣，倘若市況行情不太樂觀，我們也可以依照平均利潤來做售價調整。

　　沒有全部改成套房其實還有一個行銷上的考量，就是如果想要每戶都能賣得好，先天的條件上也有它的困難，如果我們真的把一整層 200 坪的空間全部改成套房，套房數量多了，可是中間一定會有「暗房」的問題，我覺得在居住上，「陽光」真的是很重要的，好品質的居住條件就是應該要有充足的陽光，回復原始格局，保有自然的採光，就房屋的賣相上也是給予它的一個行銷基本條件。

　　一個人獨資因為規模有限，僅能操作單一案件的行銷條件不具變化彈性，所要承受的投資風險也大，而當案件的規模條件愈大，愈有可能塑造出不同型式的包裝和行銷

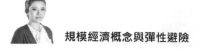
的彈性與變化，像這個案子，雖然比不過企業資產規模的商辦大案，但以我們一般的素人力量，卻能夠把它做成具有彈性變化一定規模的成效，相形之下也讓大家的風險達到一種以「資產規模控管」的投資經營型態了。

所以行銷並不是單純在講「賣東西」而已，行銷就像前面我所說的，它可能沒有唯一的標準，就因為他充滿了彈性、變化，所以這也就是為什麼我會特別喜歡主事於「行銷」相關的這塊領域之原因了。

第五篇
裝修實作

台中分區　導師—陳達為

陳達為

由廠務接手工務，機械工廠老闆切入房地產裝修的工務
實作，特別對於現場管理及應變獨具門道，教你有效與
工班師傅溝通、工材工料採購等「眉角」，幫你省去摸
索就是實賺！

住宅裝修現已進入「客製化」時代，倘若你不懂，你的裝潢設計僅不過就是「制式化」拼裝出來的成果。在裝修之前，你就應該先了解：設計師將會怎麼做？裝潢師傅又會怎麼幫你做？不懂，你就只能事後去接受……

5-1
謬思觀點導正，真實能力不只你所想像

　　房地產的投資團隊不只有我們而已，也有其他老師和名人帶領一些不同領域的房地產投資，有些主攻預售屋，有些專做包租，也有只教帶做法拍屋的……僅管各個不同集資帶團投資房地產的團隊，都在競相招募會員，但因不少團隊為了會員招募的行銷，在過程之中已變相衍生為商品銷售、炒作市場、甚至推廣傳直銷，使得一般大眾對於集資合夥投資房地產的團隊組織產生曲解，只要一聽說有關「行銷說明會」或是「招收會員」，就已經先以負面的刻板印象定罪，認為一概都是吸金組織，社會觀感和評價都相當的差！如果道聽紛云，畫限了自己，就真地不會知道我們團隊可以做的，其實絕對超出你能想像！

　　我其實是一個很在意「別人怎麼樣看我」的人。從小就被周遭認識我的人投以特殊的眼光看待，因為家裡從小是開工廠做機械的，做的是整天摸機器的「黑手」生意，雖不起眼，但畢竟是父母辛苦創立屬於自己的一個工廠。我永遠無法忘記國中二年級段考的前一天，那一天我父親發生車禍意外身亡了，還在懵懂年少的我，因為突如其來的一場意外，自此必須面對負起承接工廠的重責。雖然工廠的會計和業務都有母親一手撐著，但是工廠裡的師傅和親戚們都在看著我這個「小老闆」將來究竟有沒有能力可以承接下這個家業？背負著「少東」、「小開」之名的我，被大家投以異樣的眼光，都在等著看我怎麼接，處在週遭盡是充滿著「看戲眼光」的環境之中，內心承受的那一種無形壓力有如夢魘一般一直籠罩著我！

　　為了要破除這種夢魘，就是要做出來給別人看，因此我整個學生時代的生涯，就是在「邊做邊學」的環境下成長，我所謂的「邊做邊學」，一方面真的是半工半讀、另

一方面也是真的在工廠裡跟著「既是我手下、又是我師傅」的黑手員工邊做邊學，別人半工半讀是真的有零用錢可賺、可花，而我的半工半讀名義上母親有打一份薪資給我，但畢竟是自己的家業，工讀的酬勞不過空是一種「形式」，就像是從自己左邊口袋掏錢出來放到自己右邊的口袋罷了，反倒是在「實質」上背負著滿滿的責任。

不僅僅就工廠的技術我都要全部學會，在我唸書選校、選科時，高中我唸公立的台中高工機械製圖科，為了顧及經濟負擔、同時配合家業，專科我拼進了國立高雄工專的機械系，就學期間一路都是這樣半工半讀，我付出全心的努力和拼勁，就是為了要做給所有人看，對於員工和管理方面也才能叫得動他們。

這種實做「做出來給別人看」的生涯歷程，已經不知不覺和我的生活融為一體，彷彿就像是我身體心靈的一部分，因此凡是後來看到和自己一樣，能夠所有大小事務親力親為，從無到有拼出自我，對於擁有這種經歷和特質的

人，我都特別「有感」。

市場上許多所謂專業的老師、專業的課程，說的多半是理論，可是當初接觸方耀慶老師的課，頂著建築和法律雙碩士學位，教學員投資房地產，他所列舉的故事經驗和實例，都是實際可靠、有標準，有數據的，而不只是講理論或是靠經驗、憑感覺的那一套，慶仔老師他連什麼時間、在哪裡、當時花了多少錢、用什麼樣的工法和材料、碰到什麼問題、怎麼樣解決……所有的經歷過程如數家珍，而且並不是每一次、每一個案件都會一模一樣，其中潛藏的不同變數有哪些？可能會有什麼不同的問題？他都能夠事前預判、預防，從他敍述所有案例情節的言談、動作之間，我自了解判斷得出慶仔老師「實做」、「實力」真正的功力和本事程度有到哪裡？

難得碰到一個有學歷又有真實力的專家，不僅「學用一致」，另外還具備「法律」專業，當然更不可能帶團隊去做觸法和違法的事。

　　當初加入團隊，完全憑著自己對於實做、實力的判斷和認知，就像自己親手摸過機器、真正做過，手感的經驗可以帶得出從嘴巴裡說出來的東西，於是光只要聽別人說幾句話，就會知道誰是師傅、誰是學徒一樣，但其實自己仍知道這還只是在「感覺和經驗」的程度一樣，無法「量化」並形容出來。真正進入團隊，並且經由老師帶了幾回案子的學習之後，更發現所學所得原來比自己原來所想的還要多得多，特別是團隊共同組合起來，團結共識可以做的事情真的遠比想像還要多！

謬思觀點導正，真實能力不只你所想像

5-2

聰明實做才有意義

　　真正的實做，並不是單純的說是「動手做」或是「苦做」，也不是埋頭一直不停的做、傻傻的做就是實做，如果不懂正確的方法、不用聰明的腦袋去做，最後未必能有成果。

「實做必須是要有意義的去做！」

　　就像以前自己年紀輕輕就要管理工廠，可是一個事業連動的關係是非常複雜的，有些是內部的事、有些是外部的事，交織在一起的並不是所有的事情都是自己管得上手，關於一些技術性的事，算是死的東西，學會上手之後，

管控是不成問題的，可是就一些內部或是外來的變化，就不是自己能怎樣就怎樣！工廠內部不好上手的事，特別是許多相關於長輩親友們原本介入的事，這些事大多是關於金錢往來方面的借貸和周轉，因為顧忌自己只是年輕後輩，同時也考量親友之間的情面，許多事情看在眼裡，卻又不好去說，只好把自己埋在工作裡頭不管，心想自己好好幹就好，事情總會過去！可是這種消極逃避的心態並不能解決問題，當 2008 年「金融海嘯」發生，因為國外廠商的訂貨抽單以及倒帳等原因，工廠受到外部衝擊，資金調度發生困難，終也因為錢關過不去而導致歇業，同時也造成家族親戚之間的感情變調。

工廠收了、家業沒了，失去了工作重心、停下了腳步，我才突然有時間思索，自己一直忙忙碌碌到最後為的是什麼？隔年我和太太一同去澳洲遊學打工，對我來說，一直長年埋在工作的壓力之中，一到那裡，看見澳洲當地的人，每天一下班，下午就到公園裡去散步、遛狗、發呆……

那樣生活悠閒的情景對我來說是相當大的衝擊,於是我也試著學他們一樣躺在沙灘上,而我腦子裡就一直不斷地在想,也一直不斷地在檢討自己的問題,回想當初因為顧及親戚長輩之間的情感,沒有去講那些事情,沒有去搓破一些事,是不是也是錯的?如果當初自己可以果斷一點,換一種做法是不是會有另一番的局面,而不會是以這樣的結果收場?

直到失去了之後,我才明白如果心中沒有自己的理想、沒有明確的目標,就算工廠沒有收,就算仍然擁有工作和事業,但是那表面上所看到的一切「擁有」究竟又能代表些什麼意義呢?

有意義的聰明實做,是要將自己「擁有」的想法,透過表達,去傳達給別人知道,正確的去做,才能圓滿達到目標、完成目的。

因此,當現在我在房地產的投資團隊之中接觸每一件

實做的案子，我都會很慎重地去思考每一個案件的目的，在設計和裝潢施作的同時，真正要去做的意義是什麼？以及應該怎麼樣去呈現會最好？很多人單純只知道要做而已，特別是裝潢工程之中，那些我們所請來的工人和師傅，因為是被我們請來，他們就只負責做而已，所以幾乎都不會怎麼去想，但是案子真正要做的是我們，案件做好會是什麼樣子最後承受的也是我們，因此我反而會花時間去跟他們溝通，有時候，他們知道了我們的想法，知道我們想要怎麼做之後，他們反倒會把他們許多過去的做法和豐富的經驗告訴我，有時在不知不覺之中，更激盪出更好的做法出來！

所以實做不光只是在「做」而已，還要去「想」；而要把想法能夠傳達到位，就必須要經過「溝通」！

5-3
工人、工具、工材
工程實做溝通的「共同語言」

　　「語言是溝通的基礎。」不同的專業領域都會具有屬於它個別專有的獨特語言，這所謂的「語言」並不是你、我所說國語、台語、英語……的語言，它反而像是一種「特殊工具」。當你想要接觸、了解某一個領域的知識和專業，就得先熟悉這個領域之中的常用語言，像是接觸銀行貸款，會有一般人並不熟悉的銀行專用詞彙或是專業術語；跟房仲打交道，房仲也會有一些別人聽不懂的專有名詞或業務術語，你必須先聽得懂他們的習慣用語，才有可能雙向溝通，進而學習、進而學會！

　　當然，在房屋裝修的過程之中，我們要跟裝潢師傅、

工人溝通，也必須要熟悉工程領域，你就必須要先熟悉他們工作之中所使用的一些專業用語才行。

這就像我在承接家業的過程，所謂的「術業有專攻」，必須真正去體驗實作中的互動溝通，你才能體認出「共同語言」有多麼的重要，家裡本來經營的是機械工廠，由於大多數的機器設備原本都是外來進口的，機器設備操作面板上的文字都是原文的關係，所以很多機械的功能、操作或動作，都是照著日文、德文或英文的原文直譯發音，久而久之那些可能連中文都寫不出來的「代名詞」就變成了我們機械操作上的專門術語，只能口傳發音照唸，這些你若沒有跟著學、沒有真的在做，你根本就不會懂。這種特殊的專業溝通用語，在製造業之中是相當普遍的，若是同行相遇，話題帶到這種共通的語言，一定會感到非常貼切，覺得「很有同感」。

當初因為父親突然不在了，我必須得和母親一同把家裡的工廠接管下來，但是當時自己還只是學生，連入行都

還不算，工廠的師傅們每一個都在看我這個年輕小伙子到底要怎麼樣繼承這個家業。我從一個什麼都不懂的情況下，從 0 到 100 要全部學到會，首先必須要能夠與這些師傅們進行溝通，有了溝通的基礎，一方面才能跟他們學習、學會所有的大小事物，在學習過程中的溝通交流就是一件非常重要的事情，除了專業術語、共通語言和工作默契上的磨合之外，每一個師傅有每一個師傅的個性，還有他們的習慣，我都必須要先察言觀色並且去了解他們的喜好，感覺上像是要投其所好，要去遷就或是討好他們，實際上是要先了解他們之後，才能夠知道他們順毛的方向，就像貓貓狗狗要順著牠們的毛摸一樣，進而才能知道要怎麼樣管理他們。

所以說基本語言就是一個管理和溝通的工具，同樣的道理，在房地產裝修實務當中，我們所接觸的工作，必須要管理施工的人員，房地產的裝修工程按照基本的分工就有泥作、水電、木工、清運……等概項領域的人員要面對，

因此就像我工廠裡的眾多師傅一樣，從一開始接觸彼此還不了解之前，每一個對象都必須進行交流認識，而裝潢需要配合的項目領域很廣、很多元，從設計師、工班師傅以及工人，我們如果要直接管理的話，就必須能夠直接與他們做溝通，因此在裝修上面的一些專業術語和習慣語言，我們自己也必須要懂，才能夠進一步跟他們溝通，有了溝通才能夠講到所謂管理的層面，達成我們最終的目的和成果。

而什麼是最基本的語言呢？在裝潢實作上的共同語言也不是指一般國語、台語我們平常的口說語言，而是工程如何施做的表達指令，這個重要的部分主要就是「以圖溝通」，也就是要用設計圖、施工圖這方面的「圖說」來做溝通。為什麼圖說非常的重要？因為裝潢施工的細節其實是非常繁瑣的，誰、誰、誰……負責哪一個項目都必須很明確的，每一項工作可能會由不同的工人來做，為了釐清每個人所負責的個別項目責任，如果有誰做的方式和原

裝潢常見有趣的工具、材料術語

老虎鉗（片吉）

螺絲起子（羅賴巴）

拔釘器（巴魯）

銼刀（阿速里）

防水填縫劑（司利控）

空氣壓縮機（控不累沙）

電瓶（馬爹利）

乙炔熔接器（扇鎖）

磁磚（泰魯）

樑（哈裡）

木合板（美哩啊幫）

本的設計有所不同，可能影響到品質或是協作困難的話，沒有圖說的依據，工人事後可能會推諉：「這樣做好就行啦」、「你又沒說一定要怎樣做」、「我以為你說的是這樣做」、「我都習慣這樣做」……這樣就會「口說無憑」，如果有了圖說依據，那麼他有沒有照圖施工就可以釐清責任了。這是在施工責任上的一種保護以及相信的 方式，我們也要習慣透過這個最基本的「工作語言」，所以裝潢設計圖要怎麼畫？首先自己就必須要能看得懂，這部分也要先花一點用心來學習才行的。

而在這個方面，正巧我們團隊裡頭就有學設計、製圖本科的學員，不單自己就會畫設計圖，也會教我們怎麼看，而進來的案子，我們想要怎麼施工、怎麼做？就由他來畫設計圖，之後再共同一起跟施工的人進行溝通。正所謂「隔行如隔山」，有了團隊內部既有的人才和專業背景的資源，藉由他的專長，也讓我們在裝潢工程上的這個環節，省了很多事。

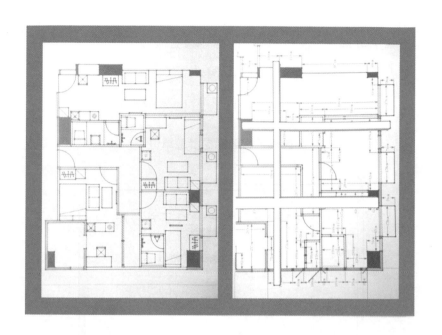

　　一件事情你想要叫別人怎麼做？「語言是一種工具，溝通則是一種方法。」不管你是想要叫人幫你做事、要求別人做出自己想要的、帶領團隊呈現共同的期望成果……都是要靠別人聽得懂的語言，還有別人能夠接受的方式去進行交流，別人才會願意依照你的方式幫你做好事。就像我接管家業的過程，從一個外行要「管理」內行，甚至還要「領導」內行，除了透過「實作」、「學習」之外，關鍵

就是「溝通」二字。因為透過「溝通」才能學到、做好;
進而才能領導、才叫管理!

裝潢工程使用之計算單位

> 1 才 = 1 台尺平方 = 0.09 平方公尺
>
> (1 台尺=30.3 公分)
>
> 1 坪 = 36 才 = 3.30579 平方公尺
>
> 1 平方公尺 = 12 才 = 0.3025 坪

＊丈量面積時,「才」以無條件進位法來計算
＊設計圖皆以公分為標示,公厘為最小單位,依比例做為換算
　標準 1／100 其 1 公分=1 公尺 w=寬度 L=長度 H=高度

5-4
裝修實作模擬，磨出真實力

　　在工務實作的方面，因為目前學員非常的多，而實際上正在執行的案件並不是所有的人都參與其中，但是未參與的學員則是以觀摩的方式來學習。除了實務工程的觀摩學習之外，我們還規劃了模擬課程，這個互動式的學程，除了大家可以在實務上來討論，同時也可以發掘潛在的投資案件。

　　每一週我會請我的組長們，在活動日期之前，各報 3 個好的物件上來，這 3 個物件就由各組學員去搜尋 591 網和各大房仲的售屋資訊，從中篩選不錯的物件來討論，而我自己也找一個物件。各組提出的 3 個物件加上我的物件

一共就有 10 個物件，於是我們再討論會的活動學程之中，當下票選出最有投資價值的物件，就以這個物件來做裝潢、設計、規劃的各種可能形式。

由一個物件的模擬之中，可以教他們很多的東西，從坪數大小、格局的改裝，去計算工程的用料、施工的難易度以及工時天數，再把各個細項分解並詳細去解析，讓學員可以知道材料、工錢，包括一些施工的概念、工法的選擇、可能替代性的方案，在模擬計算裝修的過程之中，每個人都可以了解到裝潢成本跟未來的可能售價。如果發現這個案子真的值得投資，那麼現場的學員就會有意願，立刻也就可以共同來討論實際向房仲出價斡旋，進一步與屋主議價的可能！

像這樣一種工務訓練的模擬課程，本質目的是讓學員們學習到設計裝潢的實作能力，從規劃、設計、裝潢施工的工務細節，認識泥作、水電、木工、五金等等相關材料的價格、用量，包括施工的先後順序、時間和程序，透過

模擬案件做為示例，精準計算成本或至少抓出預算，這樣就能克服挑選案件時，什麼樣的案件已經沒有價格獲利的空間？什麼樣的案件有創造價值的潛力？

沒想到這個學程給予學員獲得的回饋，實際發揮的效用其實比想像中更大，因為它會帶動各組小組長去分派指定學員收集物件，各組組長可能會要求學員們將所看過的物件初步篩選，挑出具有潛在投資價值的案子，每一組初步集合學員討論的案件可能就有 8 個、10 個、15 個案子，經過篩選之後才提報 3 個案子上來，這 3 個經過刪除淘汰之後所留下的案件，整個通盤評估的條件就已經具備一定的參考價值了。

當這個學程進行了一段期間之後，我發現各組學員之間愈來愈常發生相同的默契，會提報一樣的物件，也就表示學員們對於挑選物件的敏感度已經愈來愈精準了，於是我們就必須調整各組的分區，像房仲一樣，把各組專門負責的「商圈」範圍劃出來，各組互不重疊，如此一來，我

們觸及的市場範圍領域更加擴大，同時對於每個區位市場條件所了解的層面也更加深入、更加精確了！

而學員在一次一次的提報物件時，也會自我要求、自我反思，如果提報的物件沒有被決選出來是什麼樣的問題？是要加強自己行情的判斷、估價、市場區域性、裝修成本計算……或哪一方面的看屋能力？

這樣經由所有的學員去參與找房子、看房子的行動，持續不斷的進行案件研討的活動課程，所有的學員漸漸也就會養成自動自發的習慣，會安排調配自己的時段，多少都會進行實際的行動，也藉由其他學員的行動分享，實質上也讓所有的學員或多或少也覺得吸收到很多的真正有用、有意義的經驗和知識。

而我們在這種互動的學程當中，實際上也真的很容易挑出絕佳的投資案件，因為當結合眾人的層層思慮後，最後能夠決選剩下的唯一討論案件，它的風險性也就是最低

的了，往往研討到最後的決議問題，是大家手上是否還有
閒置的資金可以投入的問題？還要不要再等待更好的？
有一些特殊性或一般購屋者無法介入的案件，甚至我們還
可以持續去追踪，在經過一段時間之後，等待更好議價的
時機才出手。

5-5
記錄就是要傳承，凡做過必留下案例

　　就像是成績單，有好的表現，做過些什麼？要讓人不只是知道，還要相信，一定要透過排名、見證，保留記錄就是最好的實證！

　　參與房地產的投資，最重要、也最不好學的一塊，就是裝修的過程，若是關於市場層面、價格層面、尋找標的以及跟房仲業務議約銷售等方面，可以在教室課堂裡面透過課程的內容與設計一點一滴的好好教，可是裝修這個項目是屬於實際案件的現場工作，不光是指每一個案場、工地的所在位置不同，最重要的是我們團隊實做裝修房子不是單純只為自己做，同時也要傳承、也要教。

裝修不只是不好學，要教也很難，我們每一個案子的工務實作，不是只用眼睛看、嘴巴講而已，但我們也不是教你真的要在工地裡面搬磚頭、拌水泥、釘板模……做這些粗工和苦活的，要是真的這樣，所有學員不都嚇死、也累死了！

　　工地裡的實做我們怎麼教？最好的方法就是做記錄，記錄不只是給自己確認，以後再做可以再拿出來參考，同時後來的人也可以透過記錄的內容來學習經驗，而在另一個方面，它在未來案件銷售時，也可以是買方承受案件時的一個保證，如同購屋我們所附的「保證書」。

　　每一個案子，我們只要從進場開始勘查準備工料，每天做些什麼事？做了哪些進度？碰到什麼問題？運用什麼方法解決克服？我們都會一一記錄，因為團隊成員大家彼此分工，每天、每次不一定都是同一組成員到場，所以除了用電腦儲存檔案，也可以印出表單方便讓大家了解工程進度和工作內容的查閱。

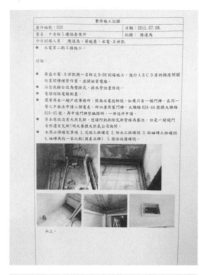

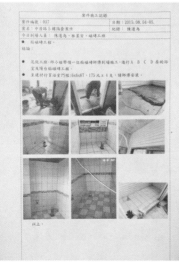

197

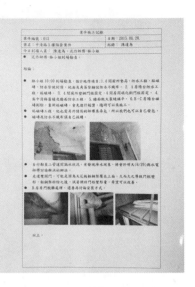

　　從裝修工程之中每一次進度的記錄，就可以知道我們在實際的參與之中，碰到了哪些問題？學習到哪些的內容？除此之外，這些工務實作的記錄，都可以做為我們往後其他案件設計和施工的參考，以及後進學員的教材。畢竟傳承教學也是我們團隊其中非常重要的一個理念。

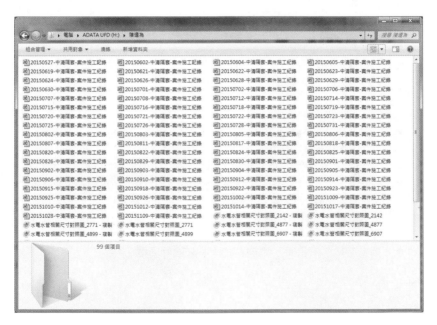

裝修工程記錄都會建立完整檔案儲存備份

案件施工記錄	
案件編號：002	日期：2015.05.26.
案名：中清路5樓隔套案件	紀錄： 陳達為
今日到場人員： 陳達為、范兄、拆除工班、冷氣廠商	

- 范兄帶領拆除工班，冷氣廠商，到現場勘查。

結論：

- 拆除項目：1.廁所天花板，水泥突出物，磁磚　2.隔間木板，木門　3.走道天花板(因隔間木板拆除後，輕鋼架就沒有支撐物，會垮下來)　4.B房門位置的玻璃拆除，不鏽鋼門框保留　5.雙開玻璃門保留(再做修飾即可)。
- 拆除費用會先行報價。
- 面中清路的窗戶包框處理，需先確定開窗位置，再進行白磚隔間，需再請鋁門窗廠商來現場確認。
- 陽台旁的窗型冷氣孔，用板材直接封閉即可，因為開孔為內縮，雨水噴不進來。
- 冷氣部分，室外機皆裝於陽台，A房的室外機則裝於D房陽台，皆架高安裝，不會佔到洗衣機位置。
- 室內機皆裝於廁所附近，方便排水管安裝，不須加裝排水機。
- 隔間完工後，水電進場施工時，冷氣廠商也一併進場安裝管路，並將排水管位置切割開，採隱藏式水管較美觀。待裝潢完成後，再安裝冷氣機。
- 冷氣報價，禾聯牌(台灣製，維修方便)，1.3噸 220V，無變頻(小機種變頻跟無變頻，耗電量超不多)，16,000元/台(連工帶料安裝到好)。
- 勘查正下方4F房間，判斷並無住戶，不會吵到樓下住戶。

以上。

案件施工記錄	
案件編號：005	日期：2015.06.04
案名：中清路5樓隔套案件	紀錄： 林崔
今日到場人員： 達為.昱安.曉慧.林崔	

- 璟來人力:早上8點，一名拆除工、一名打石工連同老闆到場進行施工
- 今日鋁門窗許師傅估價，包框價格全部到好50300元

結論:

林崔謄寫

- 早上8點拆除粗工到場.開始進行拆除:
  廁所天花板.廁所門框. 隔間木板. 走道天花板.B房間門既有玻璃全部拆除完畢(下午3點結束)
  打石工:A房間廁所磁磚.水泥突出物全部拆除完畢(下午4點20結束)
- 明日清運今天所拆除的廢料，隔壁兩間內的可移動物品也要一併清運(室內活動家具跟兩戶房門)
- 明日廁所清運完畢，牆壁底部打石工會再修飾一下
- 今日工錢(拆除1700+打石2500)合計4200，已付款。

昱安謄寫

- 既有走廊的百葉雙開門拆除完畢。
- 現場插座沒有電，所以接走廊緊急照明燈的電源，將會叫水電師傅前來處理。
- 對面兩房跟老師討論後，先將內部活動物清除(固定物留著)，並將房門拆掉，待後續追蹤處理結果再做處置。
- 拆除公司預估時間錯誤。本來預計一天拆除工作需再一天工作天進行。
- 今日進度將所有拆除廢棄物集中處理。明日預計請搬運粗工將東西全部統一集中打包清運，盡量塞滿一貨車，不再追價。工人費用一樣用點工處理。

以上。

案件施工記錄	
案件編號：007	日期：2015.06.19.
案名：中清路5樓隔套案件	紀錄： 陳達為

今日到場人員： 陳達為、中國鋁門窗、蔡曉慧

- 中國鋁門窗：早上 9:30~下午 16:00，鋁窗框安裝。
- 水電工程，第一期材料購買。

結論：

- 早上 9:30 中國鋁門窗的老闆夫婦兩人到場，開始進行舊窗框拆除(面中清路)，並且重新安裝新的窗框上去，約 16:00 完工。拆除下來的鋁框及玻璃，皆請廠商一併回收處理。
- 窗框框柱位置，與白磚放樣位置，向右側偏差約 2cm，白磚施工時必須跟著做調整。

- 依照水電師傅-王世凱，所列出之清單，向【福德水電材料行】購買，約 16:00 送達現場，繳付現金：7,200 元。
- 由於PVC管長度太長，無法由電梯運送，只好自行由樓梯搬運上到5F，下次可以先行裁斷，再買接頭來接即可。
- 預約水電師傅-王世凱，本周日(6/21)到場施工。

以上。

案件施工記錄	
案件編號：008	日期：2015.06.21.
案名：中清路5樓隔套案件	紀錄： 陳達為

今日到場人員： 陳達為、雍盛水電-王世凱

- 雍盛水電-王世凱：早上9:00~下午17:00，第一期地面管路施工。
- 聯絡璟來人力，明日(6/22)早上派一名打石工到場。

結論：

- 早上9:00 雍盛水電-王世凱帶一名師傅到場施工，先實施第一期工程，地面管路配置，趕在白磚隔間前施工，可省去許多工時。簽立簡易合約，總工資：70,000元分為訂金：21,000元，管線安裝完成：30,000元，驗收完成：19,000元。並協議施工期間，臨時欠缺的零件，直接請王世凱自行購買，再另行請款，避免延誤施工。
- 下午16:00 再次過去履勘，發現管線配置錯誤，將A、B、C、D四房的糞管都配置到A房，經溝通後修改為，A、D房管路配置至A房，B、C房管路配置至B房，這位水電師傅-阿凱，配合度極高。
- 由於B房原本的糞管位置已經被磁磚覆蓋，必須找出4F是否有懸吊糞管及排水管，所以直接到4F勘查，無住戶大門深鎖，但是不小心用"嘛嚕阿"推開門！門就"不小心"壞了，內部無住戶無異狀，確定5F相對位置有吊管，所以可以將B、C房管路配置至B房。
- 安排明天(6/22)一名粗工到現場打地板找出管路，下午水電師傅會再過來完成B、C房管路配置。配合度真的超優。
- 明天(6/22)進度還有：白磚進場施工，有線電視到場牽線安裝機上盒。

以上。

案件施工記錄	
案件編號：009	日期：2015.06.22.
案名：中清路5樓隔套案件	紀錄： 陳達為
今日到場人員： 陳達為、璟來人力-打石工、昌曜白磚、群健有線電視	

- 璟來人力-打石工：早上8:00~下午10:00，地面管道打開。
- 白磚進貨。
- 群健有線來勘查線路

結論：

- 早上8:00 璟來人力-打石工一名，開挖B房的地面，順利找出糞管位置，以及二個排水管位置，耗時1.5小時，費用仍以一天計算:2500元。
- 昌曜白磚，9:40到場，等待白磚運送過來，下午14:30回現場勘查，剛好搬運完畢，明日約9:00到場施工。有特別告知隔間牆位置須跟著鋁窗偏移2cm左右，明日施工會再校正一次。

- 群健有線電視15:00到場，已經請主委-楊大姐幫忙借到一台電視，但是工程人員說，等到都裝潢好，請水電留二條同軸電線到門口位置即可，他再到場接上即可，因為一住戶申請都可以有二台數位機上盒，若其他再加裝電視的話，無數位訊號也可用類比訊號收看，不會多收費，若要再增加數位機上盒，申請即可，只需付押金500元/台。所以第四台跟網路部分，就延到裝修完成之後再申請即可。
- 水電師傅今天趕不過來，明天一早會先過來把B、C房糞管跟排水管配置好。因怕水量不足，水電師傅建議，可以在頂樓用一個水表分水管到原本另二房的水管，也就是說水管來源有三支到5F，測試若無漏水現象，即可以此方式進行給水施工。

以上。

案件施工記錄	
案件編號：024	日期：2015.07.16.
案名：中清路5樓隔套案件	紀錄： 陳達為
今日到場人員： 陳達為、林昱安、蔡曉慧、門框安裝師傅	

● 硫化銅門安裝。

結論：

● 10:00硫化銅門安裝師傅到場施工，進行ＡＣＤ房的硫化銅門安裝，約半小時完成。付安裝工資現金3000元。

● 7/19(日)泥作師傅到場施工時，一併將三個門的門框縫隙，充填水泥固定。

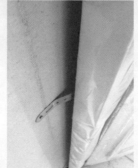

以上。

除了記錄之外，現在，我們也會跟老師學習，直接用手機記錄，立即分享、立即研討，用更快速的方法來即時做現場工程和工務的管理，更有效率地來解決現場可能發生的問題，真正做到即時的應變！

第六篇
總　結

總教練／團長—方耀慶

方耀慶 Davis

北京 TWK 圍繞科技有限公司策略長

「勇敢用桿-房地產快樂賺錢術」團隊總教練，從社會底層的銅板人生翻轉成功後，更積極進修取得法律與管理、建築與設計、財富與稅務等各門領域碩士、博士學位，進而建立團隊，將自己的成功術帶領學員實作傳承，實現知識共享理想。

6-1
銅板起家，並非憑空出現的奇蹟

　　我的「快樂賺錢術」系列作品，第一本書的副標題就是「銅板起家」，很多人難以置信我竟然是在落魄到徹底無助絕望之後，才頓悟翻轉出現在精彩的人生。前面兩本書，完全都是寫各式各樣的房地產投資與法拍的「實例」，這些你們看書就能知道我的「實力」有多強了。

　　而我個人究竟是如何走過低潮，能夠從徹底的魯蛇成功蛻變為今天的我？原本你們只有走入到我的課堂說明會才有可能聽得到。但是這次我看到我的每一位接班人之所以能夠浮上台面，其實在人格特質的感動與影響也很重要，技術可以學，但人生不同的際遇與經歷是體驗不到

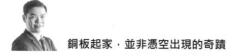

的，然而要感悟到成功人士背後的生涯轉折，才是真正能夠啟發你心靈和行動的那把鑰匙，因此我也藉由文字將我個人的故事和體悟分享給大家！

年輕時候我就一直很想創業，所以為了想要儘快先賺一筆錢，不管是什麼行業我都嘗試過，從洗車工、臨時工、賣牛肉麵……甚至擺攤賣紋身貼紙，還做過業務員、保險跟仲介，可是一直都是處在一個「空轉」的情況，在做生意的時候，自己要負擔成本，但是這個不打緊，做生意最大的問題是在於存貨，如果自己做買賣的生意，像我自己批貨在賣紋身貼紙的時候，可能有時候一下子趕流行，心理預期會很好就會批很多的貨，可是慢慢當大家看到這種生意好賺時，很多人也跟風做了起來，於是商品多樣化、還有削價競爭的衝擊就來了，原本的存貨一下子可能變成沒有人要買了，於是你必須要再進新的貨，再花一次進貨的成本，一直不斷周而復始的狀況下，我發現這樣子的生意其實真的不可能讓自己的經濟有什麼特別的起色。

　　我在 2000 年總統大選之前去北京唸醫學系,那個時候在賭一個學歷認證的未來,因為在大陸唸醫學院不用像在台灣得要讀滿七年這麼久才可以當醫生,覺得國民黨連宋參選應該會勝選沒有問題,以當時的局勢如果國民黨勝選執政,與中共對岸的關係會更加緩和,兩岸之間會因為學術交流的條件進而可能彼此將會互相承認對方的學歷,那麼特別是在醫學方面的交流可能會更有前景。如果兩岸之間可以承認彼此的學歷,那麼到北大去唸醫學院取得學位就是一個捷徑。

　　當時到北京想說如果唸了醫學系,不用花這麼多年的時間和金錢,回來台灣也可以執業。可是心中的算計卻因為兩顆子彈,整個總統的選舉結果翻盤,後來覺得這個盤算真的沒有希望,也就休學回台灣了!

　　原本到大陸唸書的目的,因為醫學這個專照學程的學籍制度在台灣不可能被認可,就算唸完回來台灣也不可能當醫生,於是在北京的這段期間像是遊戲一場空,而我在

北京唯一的收穫，就是娶了我現在的老婆，回到台灣我開始嘗試各式各樣不同的工作。

最後我是因為房地產才讓我自己真正賺到錢，我第一個案子，是因為自己曾經有做過房仲的經驗，知道案件來源的開發要怎麼樣去找，於是在我看見了一間不錯的透天厝房子，有屋主自售要賣，我調閱謄本找到屋主住的地方，親自登門拜訪，一上門，屋主還以為我是真的仲介，還拿著掃把要把我趕出門，後來我誠心跟他說是真的自己要買，他看我一個年輕人很誠懇的樣子，我跟他說自己的預算真的有限，誠心的拜託他，並且一直稱讚他的房子，說很喜歡他的房子，希望他能夠割愛讓售給我，屋主看我並不是那種嫌東嫌西、嫌他房子不好，硬要殺他價錢的態度，反而欣賞我這種卑微態度，於是他的側隱之心猶然而生，與其讓房仲賺一手服務費，不如扶助年輕人一把，他以長輩幫助年輕人的一種心態，真的用很便宜的價錢賣給我，成就了我的第一間置產購屋的經驗。

　　這間房子後來轉手，讓我賺到了第一桶金，有能力在做之後的投資，在後來的投資經驗中，有一個非常特殊的投資案件，是我去法拍一間宮廟，這個案例在我的第一本書裡頭就有提到，裡頭其實還有一些過程的糾葛，在私底下不為人知的細節部分，是我在投資這個宮廟的時候，家人是極力的反對，尤其是我父親跟我幾乎要斷絕父子關係，但我還是硬去做了。

　　其實父母親一般會去反對小孩子的決定都是出自一種保護的心態，怕我會失敗、會跌倒，看了我以前做生意時候莽莽撞撞一事無成的樣子，他真的很擔心我又會再次的遭遇失敗、遭遇挫折。但後來這個宮廟的案件真的是讓我賺很大，之後家人對我投資房地產的決策有了信任，親戚們對我的印象和看法也完全改觀，同時也對我在投資房地產的經營策略方式開始感到興趣，也會關心了解。

　　當自己有能力並且真的賺到錢之後，其實在家族裡頭的意見參與，就慢慢受到重視了，以前自己講什麼話家人

一定都是反對、不會相信，但是後來因為有了錢、展現出賺錢的能力之後，就能受到了大家的肯定，當自己的能力受到肯定之後，講話以及參與意見的聲音就會比較大，也比較能夠讓大家接受。後來親戚朋友他們在買房子的時候也都會請我幫忙，我等於算是家族上幫大家做置產投資規劃上的一個家族顧問和軍師了，我可以為整個家族的資產做操盤，對我來講是就一個相當大的肯定！

對於房地產這個事業，我覺得自己很是上手，為了要精進這一個事業，可以成為我一輩子最大的財富資源和版圖，我有強烈的企圖心想要把它做得更好，所以我再去精進這方面的學業知識，再去唸建築設計以及法律，要修這兩門的科系對我來說其實是相當吃力的，因為我週遭的親朋好友都沒有這一方面的專業背景，因此在學業上真正想要向外求援，對於建築和法律的知識落差是相當大的，還有建築設計和裝潢等等的層面，其實一般社會大眾對於房地產的基本知識等於就是一張白紙，完全是從零開始的，

房地產要怎麼買、怎麼賣，好像完全沒有人在教，後來我到市場上去調查了一下，也參與了一些市場上其他有關財商跟房地產投資的課程，但我覺得講師們其實也都是半路出家，而我這一個自己學建築裝修、學法律的，可說是在房地產跟法拍領域裡頭，應該可以講是專科正期的科班生，如果由我來帶領團隊，教育大家、教育大眾，絕對不比他們差。

畢了業我就開始佈局準備做團隊建立這一方面的工作，而我就像是傳授給各個區長所必需要具備的能力一樣，慢慢的從組織的建構、人脈的經營、實戰操作管理，還有行銷各方面的一一佈局，我到處聽演講、聽課，學習並且去觀察不同組織團體他們運作的方式，並且用什麼樣子的方法來推廣行銷他們自己，所以在我出了第一本書之後，便在很短的時間內建構完成了我現在的團隊！

銅板起家，並非憑空出現的奇蹟

6-2
沒有不景氣，只有不爭氣、不相信、不成器

「所有能力都是可以被訓練出來的！有了能力，就可以決定你的獲利。」

因此，在「奢侈稅」以及「房地合一」打房政策帶給房市景氣最低迷的這段期間，許多其他以房地產為主的財商團體慢慢的都銷聲匿跡了，但是我們的團隊不但沒有因此而受影響，反而逐漸的壯大。最主要的原因就是我們很紮實地在做房地產的裝修這一塊，我們很執著在一定要自己親手做，唯有親手做，才能夠自己創造出商品的價值利潤，將沒人想要、沒有價值的破屋變成有人要、有價值的好房，才能把當中的合理利潤放到自己的口袋裡頭。

我在教團隊學做建築與裝修基本知識的時候，我連『一片玻璃多少錢？一塊磁磚多少錢？』都要教。最早之前，有學員跟我提說：「老師，學這個要做什麼？我們不能只挑物件進來，交給專業的人去做就好了嗎？」我的答案是：「如果那樣，那麼你可以自己一個人去賺就好了，不需要團隊。」

　　因為那樣只能滿足自己一個人的利潤，而其中的大部分你必須要給中間設計、裝潢、施工的人賺，當然同樣也可以在這過程之中養活很多人，但是這些人你並不跟他熟識，這些人跟你無關，他幫你做事你就要給他錢，不管你自己賺或不賺，風險只有你自己扛，這些人就算再專業，也不會告訴你你付出的心血到底會賺還是會賠。

　　其他房地產的投資團隊沒有真正在實作，都只是在教買賣而已，教技術性的買賣其實只適合一個人自個兒玩，如果又是集合多數人的資金投資買賣，而沒有實做裝修的這一塊，當市場沒有超額利潤，行情回歸合理，房市的買

賣不再激情而是回到理性的自住需求市場時，那些以投資為目的人，不但連自己一個人想賺錢都有問題了，怎麼可能讓集資追隨參與的人也能一起賺到錢？

而我們是要確保團隊成員大家都有賺，所以我們必須把所有創造房地產正常利潤的能力都學會，這其中的裝潢、設計與工務就是最重要的一環，要不然如果在裝修設計上委託外人或者是交由其他專業設計，這當中別人也要賺一手，交給統包、統包再發給小包、小包再找工人和師傅……在工程之中一層一層的利潤，也就在這當中把成本愈墊愈高，那麼投資獲利的定價就失去了彈性，如果你的商品只能賣比別人貴才有利潤，當商品滯銷賣不掉時，虧損就產生了！很多人不去考量這一點，盲目追隨地去做投資，存在的「風險」是很可怕的。

這世界有兩種東西最昂貴，那就是「無知的驕傲」與「免費的貪婪」。

所以如果不能夠自己做，那麼在景氣低迷、市況不佳的時候，投資還要額外花費許多這中間成本，那麼風險是非常大的，所要付出的代價也是很大的。真正的實力，就是要讓所有的人從進案、裝修到銷售，真正學到這當中的價值創造！

也就是因為這樣，我帶大家做的案子都有賺，我們沒有賠過任何一個物件，這我絕對肯定能夠跟大家說的。而在房市市況最差的近兩年之中，我們的團隊不但日益茁壯，而且還創造了超過兩億以上的業績，在交易量這麼低迷的情況之下，我們仍然敢進場，也能夠用低於市場行情的價格賣給消費者，並且仍然有賺，就是真正實力的展現，有句話說：「風大時，豬都能飛！」還有句話說：「當海水退潮，才能看出誰真的有穿褲子！」在行情大好時，閉著眼睛都賺，所以不管你跟哪個老師都會贏，可是只有在市場不好的情況下還能帶你真正賺錢的，才是真正具有實力和真本事的好老師！

　　因為我們的物件低價也能賺，所以在經營的這段期間當中，也有學員希望能夠直接跟我買房子，所謂跟我直接買房子，就是直接委由團隊挑選並裝潢好的房子直接賣給他就好，我知道提出要求的學員心底所打的算盤是跟我們自己買下之後，因為便宜放到一般市場再賣還能有利潤，但這種利益我是不做的。

　　手中掌握了最有利的資源，自產自銷不是更方便嗎？雖然我教學員，我教他們做房地產，教他們做裝潢，但是我仍堅絕不賣房子給任何一個學員。

　　既便大家也想，反正你情我願，但我仍堅持對的事情要顧及更長久的團隊生命和理念。因為我是在教大家真正的實力跟技術，我們不是在賣商品，我賣的是智慧、是能力，是把這種技能教給我的學員們，學員才能夠自己去決定，選擇他自己的，更重要的是我們要帶領團隊，團隊也是要傳承，既然我教房地產，如果我賣了任何一間房子給任何一個學員，那麼有人就會說我是在倒貨給學員，反而

　　會讓大家覺得這是一種不道德的利益關係，也會把名聲給打壞掉，縱使是良善的動機也有可能會被扭曲，以訛傳訛，把事情傳成負面的，因此我們要選擇做「當做的事」，如果是不能做的事情就不要去碰，不要存有任何的僥倖心理，堅持的理想不容許一點點的瑕疵，不值得為了一點點小利而去冒險，如果當中有那麼一點點的不正當就有可能會讓整個團隊崩盤，所以我也勉勵每一個區長他們的責任是非常重大的，對於底下的每一位學員都要真正把能力交給他們，路才可以走得長久！凡事「賺到的，要給人；學會的，要教人。」共勉之～

6-3
想讓更多人看到
風箏飛愈高，愈要學會放手

一般外界對於我的好奇是，為什麼我可以在這麼短的期間之內建立這麼龐大的團隊？

而如果你是我團隊裡的成員，在內部聽到許多學員對我的理解反而是：「快點學！慶仔老師再沒多久就準備不教了。」常有較初階的學員會有這樣不安的憂慮，透過了區長或是群組的信息傳遞到我這裡來，不過這都是因為他們什麼都還不會，什麼都還不懂時，會有這樣的擔心疑慮，可是當他們從階段性的課程教育訓練以及實戰、觀摩之後，擁有知識和能力之後，這些都不是問題了，因為房地產的能力是自己的，當自己真正獲得以後，那是一輩子

不會不見的。

其實房地產要從完全不會（零）到會，並沒有想像中那麼難，很多人覺得房地產很難、會害怕，那是因為你不做、你不會，就會覺得難！真正做了，你就會覺得其實只要一次經驗就會了！只要有人帶、有人教，房地產一學就會，真的沒有想像中這麼難。因此只要跟過團隊學習操作過的學員就知道，做過很快也就能上手了。

對於團隊學員來說，將他們帶領起來能夠獨立成熟才是真正的，我很高興能在這麼短的時間內就把這個團隊建構起來，這代表我每一個區的區長，其實都能驗證我如何教導他們可以學很快，同時也都可以真的變成跟我一樣，擁有和我一樣的能力。而當每一個區長的能力也都和我一樣強、甚至不輸我的時候，這也就代表了我真的可以再去做別的事情了！

很多人看不懂我到底在想什麼？一般來說，辛苦建立

好團隊應該就是要開始享受回收與利益了，為什麼我才剛剛把團隊建立起來，就說不帶了，而且這麼快就真的立即交棒給下面的人來做，照講自己可以繼續把持最大的利益，可以繼續賺，但為什麼不自己賺呢？

我的想法是：「如果我在這麼短的期間之內就能夠建立成功團隊，那代表我也有能力往其他更龐大的市場去建構新的商機。」

其實我所想的事業是更大、更遠的，大多數的人因為現實的生活，只看到這個月賺多少錢、下個月要繳多少的房租或是房貸、車貸等等，所以關注的東西只是眼前看得到的而已，打個比喻，就是你只看到眼前五公尺、十公尺距離的眼界，可是我看的已經是兩、三百公尺遠的視野了。所以我不會只是琢磨在眼前的成就，滿足於既有的成功而已！

在另一方面，從事業領導的角度來看，如果我就只沉

浸於把持團隊組織的利益，全部都要自己掌握，那麼每個團隊的成員都要依賴我，他們自己獨立不起來，最終我也走不開。於是我也就只能做眼前十公尺、二十公尺範圍內的事，如何能夠去做更偉大的理想？而就團隊底下的管理階層來說，如果事事都要依賴到我，沒有能力獨當一面，那麼組織跟團隊又怎麼有辦法龐大得起來呢？

總之，我不是一個只圖眼前利益自私的人，我會把我懂的教人、賺的回饋分潤給大家，所以我也常跟大家說：「學會的要教人、賺到的要給人。」這樣才不負相信我，加入我團隊的每一個成員，我最終的希望是能讓每一個成員都能夠成長、成熟，甚至能夠超越我！

所以當團隊的成長快速，同時代表我領導的模式是成功的，當我可以把團隊放心的交給底下的人，代表了這個團隊的成長是成熟、有制度的，而團隊之下的每一個成員，都不會因為居於上位的領導人只為個人利益罷占資源不教人，有樣學樣，阻礙了底下成員的學習和發展。

　　我的觀念邏輯是當我成就了自己，代表我就更有能力可以再去成就別人，所以我並不擔心自己的競爭力，我是個很有學習力、不畏挑戰的人！如果這個模式可以快速成功，我一樣可以創造一個觸及更多人，幫助更多人學習成長的「大平台」，我夢想的一個互益分享的學習平台，讓學習和分享同時都可以獲得實益的構想，不管是教的人或被教的人同時都能賺到錢的學習分享系統，現在也已經正在實現了！

學員見證

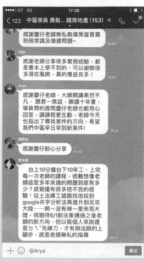

感謝慶仔老師無私教導房屋買賣稅務常識及增建問題~

感謝老師分享很多實務經驗，都是書本上學不到的，可以避開很多潛在風險，真的獲益良多！

感謝慶仔老師，大師開講果然不凡，聽君一席話，勝讀十年書，學員間的提問慶仔老師也都用心回答，讓課程更生動，老師今天也指出了尋找案件的方向，希望我們中區早日早到新案件！

感謝慶仔耐心分享

台上10分鐘台下10年工，上完每一次老師的課程，很難想像老師這麼多年來遇到的問題到底有多少？感覺還有很多挖不完的經驗！從土法練工插旗找地段到google并字分析法再推升到反攻大陸……啊～沒有辣～是佈局大陸，很期待6/1新法案通過之後老師的新方向，但以我個人來說還是ㄟ"先練刀"，才有辦法跟的上腳步，感恩老師無私的指導

+ ☺ @Arya　傳送

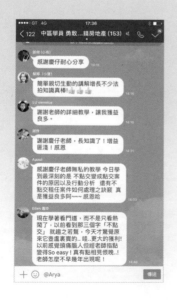

感謝慶仔耐心分享

簡單親切生動的講解增長不少法拍知識真棒！👍👍👍

謝謝老師的詳細教學，讓我獲益良多。

謝謝慶仔老師，長知識了！增益匪淺！感恩

感謝慶仔老師無私的教學 今日學到最深刻的是 不點交變成點交案件的原因以及行動宣示 還有不點交租任案件如何處理的訣竅 真是獲益良多阿～～ 感恩哈

現在學著看著門選，而不是只看熱鬧了，以前看到那三個字「不點交」就趣之若鶩，今天才驚覺原來它壺盧裏賣的，哇...更大的獲利！以前感覺頭痛腳人但經老師指點變得So easy！真有點相見恨晚..！老師怎麼不早幾年出現呢！

+ ☺ @Arya　傳送

阿誅加入群組

慶仔老師的課太精彩了！原來大家不敢碰的不點交!暗藏玄機!看懂了原來不點交也可以很好處理！

原來法拍屋不只四拍，而是無限拍！今日課程收穫多多！！

半途離席~覺得沒聽完很可惜。感恩有業慶哥的分享

雖然還有很多不懂的地方...只能學習 還是學習

感恩老師

+ ☺ @Arya　傳送

230

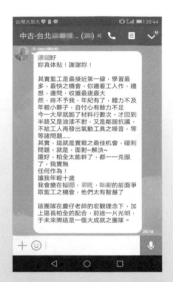

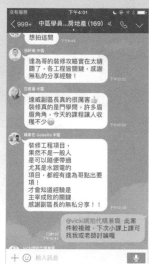

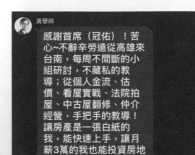

感謝首席（冠佑）！苦心~不辭辛勞遠從高雄來台南，每周不間斷的小組研討，不藏私的教導；從個人金流、估價、看屋實戰、法院拍屋、中古屋翻修、仲介經營，手把手的教導！讓房產是一張白紙的我，能快速上手，讓月薪3萬的我也能投資房地產，真是太感謝了。認識首席（冠佑）賺錢不缺席！

下午2:14

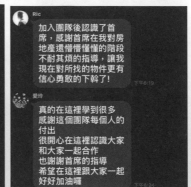

加入團隊後認識了首席，感謝首席在我對房地產還懵懵懂懂的階段不耐其煩的指導，讓我現在對所找的物件更有信心勇敢的下斡了！

下午8:19

真的在這裡學到很多感謝這個團隊每個人的付出
很開心在這裡認識大家和大家一起合作
也謝謝首席的指導
希望在這裡跟大家一起好好加油囉

下午8:24

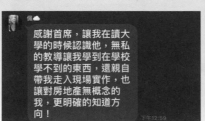

感謝首席，讓我在讀大學的時候認識他，無私的教導讓我學到在學校學不到的東西，還親自帶我走入現場實作，也讓對房地產無概念的我，更明確的知道方向！

下午12:59

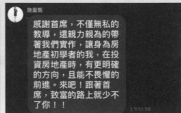

感謝首席，不僅無私的教導，還親力親為的帶著我們實作，讓身為房地產初學者的我，在投資房地產時，有更明確的方向，且能不畏懂的前進。來吧！跟著首席，致富的路上就少不了你！！

上午11:56

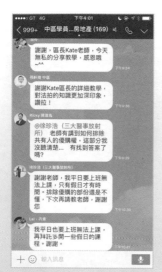

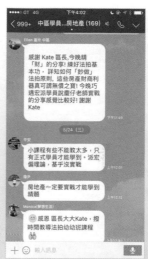

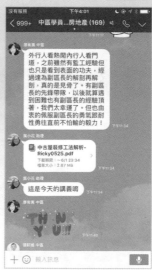

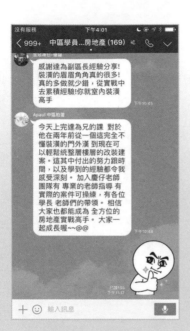

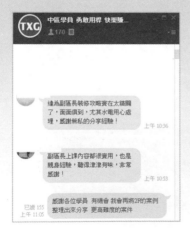

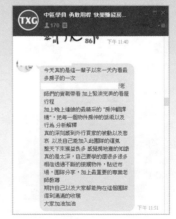

●房市全方位之著作發行　　●創業投資職場課程講座
●房仲業務內訓課程規劃　　●多元領域之講師群陣容

智庫雲端　職場、財經、不動產專業出版發行

【房產財庫】叢書書目：

1	房市房市！搞懂人生財富最大條的事 (增修新版)	范世華◎著	400 元
2	就靠房市躺著賺	賴淑惠、范世華◎著	280 元
3	終結釘子戶-都市更新解套的曙光	洪明東◎著	250 元
4	房仲話術大揭密	賴淑惠◎著	280 元
5	房仲勝經-縱橫億萬商機	張欣民、范世華◎著	400 元
6	小資首購術-敗犬變屋婆	賴淑惠◎著	280 元
7	我是 612-我當包租公	蔡志雄◎著	300 元
8	勇敢用桿-房地產快樂賺錢術	慶仔 Davis◎著	280 元
9	勇敢用桿-法拍屋快樂賺錢術	林迪重、方耀慶◎著	300 元
10	房市黑皮書 Happy	郭鴻屯◎著	300 元
11	房市黑皮書 Story	郭鴻屯◎著	300 元
12	住者有其屋	洪明東◎著	260 元
13	思房錢-我的心	郭鴻屯◎著	300 元
14	租！是大吉	陳玉霖◎著	320 元
15	宅女飛揚心-城市收租集	楊　馨◎著	300 元
16	亂世出英雄-小資屋婆低點購屋術	賴淑惠◎著	300 元
17	房市日光大道-張欣民老師談房論市	張欣民◎著	300 元
	小農女存房記	施靜雯◎著	300 元
	翻轉時局-贏家 4.0 心思維	謝秉吾、馬先右◎著	350 元
	94 狂-素人房地產快樂賺錢術	廖柏全、張典宏、陳冠佑 李瑞欣、陳達為、方耀慶◎著	340 元

一次滿足您擁有房市最多元齊全的著作發行
集合最多房地產權威、專家與講師的心血結晶
　　　　掌握不動產最具影響力的智慧與新知！

國家圖書館出版品預行編目（CIP）資料

94 狂 : 素人房地產快樂賺錢術 / 廖柏全等作.
-- 初版. -- 臺北市 : 智庫雲端, 民 106.07
面 ; 公分
ISBN 978-986-92512-9-7(平裝)

1. 不動產業 2. 投資

554.89   106009560

94 狂-素人房地產快樂賺錢術

作　　者：廖柏全、張典宏、陳冠佑、李瑞欣、陳達為、方耀慶
出　　版：智庫雲端有限公司
發 行 人：范世華
封面設計：呂斐婷
攝　　影：阿法攝影
地　　址：104 台北市中山區長安東路 2 段 67 號 3 樓
統一編號：53348851
電　　話：02-25073316
傳　　真：02-25073736
E－mail：tttk591@gmail.com

總 經 銷：商流文化事業有限公司
地　　址：235 新北市中和區中正路 752 號 8 樓
電　　話：02-22288841
傳　　真：02-22286939
連 絡 處：234 新北市永和區環河東路一段 118 號 1 樓
電　　話：02-55799575
傳　　真：02-89255898
版　　次：2017 年（民 106）7 月初版一刷
　　　　　2018 年（民 107）5 月 10 日初版三刷
定　　價：340 元
I S B N：978-986-92512-9-7

『勇敢用桿-房地產快樂賺術』團隊

● 全省各區洽詢電話：

(台北)
07-55740039

(台中)
04-22220958

(台南)
07-9633010

(高雄)
07-3509381

或 FB 搜尋 >>勇敢用桿